JN011930

70か国・地域からの80人にインタビュー

留学生たちの母国とニッポン

久保田登輝子

工作舎

［はじめに］

横浜に生まれ育った主婦のチャレンジ

✤

人と人との繋がりの大切さや人への関心を強く意識するようになり、「同世代の元気なシニア世代に、意見や人生経験を聞いてみたい」、「そういうことを言い合える場があったらいいな」と、夫とふたりで投稿誌「林遊倶楽部」をスタートし、二〇二〇年五月までの二一年間にわたり発行してきました。北海道から沖縄までの友人、知人からの投稿原稿を編集した、隔月刊の交流誌です。

その交流誌に「外国人に聞く」というインタビュー記事を掲載していました。今、誰もが世界各地に旅行ができ、世界の情報は瞬時にインターネットで得られる時代ですが、あえて「外国人に直接会って、インタビューをして、その人の見たこと、感じたことを聞いてみたい」、「なるべく珍しい国（失礼、珍しいというのは私にとってあまり馴染みのなかったという意味で、いわゆる大国でないという意味に受け取ってくだされば幸いです）からの人に登場してもらいたい」を心掛けて取材し、記事にしました。

二〇〇七年二月から二〇一九年一二月までの一二年一〇か月間に、アジア大陸、ヨーロッパ大陸、アフリカ大陸、南北アメリカ大陸、オセアニア大陸からの約七〇か国・地域、二〇代から五〇代の方々八〇名です。それぞれが厳しいテストをパスして来日した研究者、技術研修者、大学・大学院留学生、また大学の教師・講師、駐日大使・大使館員、なかには日本で学んだ日本語を役立て、天皇即位の礼（二〇一九年一〇月）に来日した自国の大統領の日本語通訳を務めた方、国際結婚をして外国に嫁いだ日本人など、いろいろな分野の方々がいらっしゃいます。

✤

川崎市高津区に夫の会社の社宅（四階建て五棟）が新築され、八年間をすごしました。今から半世紀以上も昔に遡ります。当時、夫は企業戦士、私は専業主婦という役割分担の生活でした。上の子が二歳のときに社宅に住み、やがてふたりの子どもが生まれ、五人家族となり、大忙しの子育て真最中でした。社宅は子育て中のママさんが多く、いっしょになって、みんなで子育てしました。

子ども達は社宅の広い芝生の庭を自転車に乗ったり、砂場で遊んだり、公園ではブランコ、ジャングルジム、シーソーなどの遊具で一日中遊んでいました。時間のかかる美容院通いは、美容師の友達を自宅に呼んでくれる友がいて、そこが「にわか美容院」となるので大助かりでした。社宅の周りにフェンスはありましたが、入口は立ち入り自由、茨城県からよく行商の人がいろいろな物を売りに来ました。本当にのどかな時代です。

天気の良い日は親も子ども達といっしょに午前、午後、夕方と庭に出てすごすのが日課でした。そんなとき、オランダに転勤、現地の女性と結婚して社宅に入居してきた家族がいました。私の子と同じ三歳くらいの女の子がいて、芝生や遊具のある公園で遊ばせていました。社宅には海外転勤生活経験のある主婦も多いのに、誰も話しかけず、いつもポツンと淋しげでした。

彼女は日本語が話せません。私は英語が話せませんが、よく会うので会釈するようになりました。寒いとき、我が家に案内したことがありました。それからお互いの家に行ったり来たりするようになりました。部屋の住み方、カーテンや家具調度品などのインテリアがモダンで同じ社宅とは思えません。雨の日は子どもが部屋中を三輪車で自由に乗り回します。別世界を見た感じでした。手ぶり、身ぶりから始まって、苦手だった片言の英語を初めて使ってお話しするうちに、ドライブに誘って世田谷区にある広い砧公園に出かけることもありました。

子ども同士は、ぶつかることもありましたが、よく遊び楽しそうでした。私も初めてウィンナーコーヒーやジャーマンオムレツをご馳走になりました。生まれて初めて外国人と接し、異文化体験をしたことで、日常が斬新で夢のように一変しました。将来、ボランティア活動で外国人と関わってみたいなあ、外国人と関わる仕事で働いてみたいなあと漠然と思いました。

✤

子育てから少し時間に余裕ができるようになると横浜生まれ横浜育ちの私は、「ミナトヨコハマ」にふさわしい、何か外国人と関わることをしたいと(社)横浜市国際観光協会ホームビジット受け入れ家庭に登録(一九八四年)します。イスラエルからのハネムーンカップル、イラン、イラク、サウジアラビア、ネパールからのドクター、ザンビア、ジンバブエ、ケニアからのジャーナリストの方々の来訪が印象に残っています。また、(財)横浜観光コンベンションビューローの日本文化サポーター(茶道、華道、きものの着付け)としても関わります。

一九八七年からは日本語教師として働き始めました。横浜市鶴見区にある横浜市国際学生会館の開館(一九九四年)から日本語チューター登録をします。地元の戸塚地区センターの生涯学級講座で、国際理解セミナーを開催(一九九七年)します。横浜市栄区にあるあーすぷらざ(国際交流施設で一九九八年オープン)のボランティア登録もします。戸塚区にある踊場地区センターが開館(二〇〇四年)すると、日本語チューター登録している横浜市国際学生会館との共催で国際交流講座を立ち上げ、秋の恒例行事として続けながら、友人が開催するトークサロン、ワールドサロンなど国際交流講座にも参加させていただいてきました。

一九八〇年代後半からは、今、ヨコハマのシンボルとなっているMM21地区の建設ラッシュの時期と重なりました。「コンベンション都市横浜、世界にデビュー」と新聞に大きく見出しが出ました。当時、日本一の高さになるランドマークタワー、パシフィコ横浜（ヨコハマ・グランド・インターコンチネンタルホテル、展示場、会議場の複合施設）、みなとみらい線などの説明を、登録していた横浜市国際観光協会の会合で、映像と共に見るたび、現実のヨコハマの姿からは想像できず、映画のシーンで見る未来都市か宇宙都市になるのではと驚くばかりでした。最新施設ができ上ると、その都度、一番に見学させてもらいました。「ヨコハマ」の大変貌をこの目で見つめた時期でもあり、心に強く残っていて、良い思い出になっています。

✤

今までの国際交流講座やパーティ、各種イベント、日本語教師やボランティア活動での出会いのご縁が、このインタビューの依頼に繋がり、八〇名の方々にご登場いただきました。インタビュー時間は九〇分、質問は①日本に来たきっかけ、②日本での生活、③日本、日本人への感想と母国紹介、④これからについて、です。この質問は事前に伝えていますが、その場の雰囲気で自由な展開になることも多々あり、ハプニングの展開の歓びにも繋がりました。

　インタビューした方々の、来日の方法も手段も、学ぶ場所もさまざまです。

　来日の方法は、私費留学、大学間の文化交流や交換留学生、国際交流基金の文化交流、神奈川県海外技術研修員受け入れ事業、文部科学省奨学金、世界銀行の奨学金、ＪＩＣＡ（ジャイカ：国際協力機構）

の奨学金、理化学研究所の奨学金、JICAと文部科学省、JICAと横浜市立大学、JICAとISME（マングローブ生態系国際学会）、JICAと世界銀行の援助プロジェクト、JST（科学技術振興機構）とJICAが共同で実施しているSATREPS（地球規模課題対応国際科学技術協力）、JET（Japan Exchange Teaching）、日本が加盟しているアフリカ開発銀行（アフリカ諸国の経済、社会開発を促進する目的で設立された金融機関）のリベリア復興支援経済援助奨学金、経済開発協力機構（OECD）、OCDI（国際臨海開発研究センター）とJICAと世界銀行などです。

学ぶ場所は、横浜国立大学、慶應義塾大学、東海大学・JAXA・JICA（横浜市）、理化学研究所（横浜市）、横浜市立大学、木原生物学研究所（戸塚区）、横浜市内の病院、義肢製作所（戸塚区）、国税庁が管理するNTC（National Tax College）、海空制御システムなど多岐に及んでいます。

日本の知的国際貢献・国際協力・支援活動を知り、強く誇りを感じました。

第2章 災害・紛争・環境問題 2011—2013 109

第3章 きもの、寿司、尺八…… 2014—2016 187

第 1 章

平和と環境を大切に 2007—2010

「2006年ノーベル平和賞を受賞したムハマド・ユヌスさんは私たちの誇りです」と語るのは、バングラデシュのムハマド・アブダス・サラームさん。2008年母国を襲ったサイクロンを調査し、マングローブの林を守りたいと訴えるのはミャンマーのトゥトゥ・アウンさん。民族対立を背景に内戦が続いたリベリアのナハ・エリジャ・サーティさん。ご登場願ったすべてのみなさんが、平和と環境を大切にしたいと心から願っています。

日本はエキゾチック、幸せはチェコの暮しにあり

リボル・ヘリスさん［チェコ共和国］

取材時二六歳。チェコ共和国のスロバキアに近い小さな村（人口三万人）フセチーヌに生まれ育つ。地方の大学で寄宿舎生活をしながら、二〇〇三年五月に修士課程を修了。同年一〇月、横浜国立大学工学部博士課程に留学、二〇〇七年三月に修了。四月からNIMS（国立研究開発法人＝物質・材料研究機構）で働く。滞日三年半。

学生寮は狭い、けれど研究環境はすごい

チェコの大学の教授から、横浜国立大学との交流ということで、初めて留学生二名の募集があり、期間は一年半だという話を聞きました。ヨーロッパは近いので珍しくないけれど、中国、韓国、日本など、アジアの国へ行ったという人は身近にいません。日本人を見たこともありませんでした。留学すれば新鮮な体験ができそうと、エキゾチックなイメージを抱いていました。

日本への留学にチャレンジしてみることを決心して、卒業した五月から一〇月の出発まで、日本という見知らぬ国のことをインターネットで調べました。経済力がある国だし、勉強のしがいがありそ

う。新幹線、きもの、空手、芸者、物価が高い、よく働く国民性等々、広範囲な予備知識を得ておき、さらに、ひらがなやカタカナなどの日本語も勉強しました。

二〇〇三年一〇月、横浜国立大学大学院博士課程に入りました。大学の近くにある寮に行き、まず驚いたのは部屋が狭いことでした。チェコの寮は、一つの町のようなキャンパスの中にあって、空間的にも余裕がありました。緑いっぱいの広いキャンパスには、何軒ものショップ、レストラン、ランドリー、本屋、郵便局、旅行会社などがあります。

日本の大学では学生寮が狭くとも、研究室にあるコンピューターは一台が三〇〇〇万円もするそうで、研究環境はとてもすばらしい。ところが、そんな研究室に来て朝からずっとコンピューターゲームをしていたり、漫画を読んだりしている日本人の学生に対しては「研究室に早くから来ていったい何をしているの？　勉強する時間じゃないの！」と疑問を感じます。

お金があることと幸せは別です

僕の父は、工場で朝六時から一四時まで毎日働いていました。一四時でピタッと終わって帰宅します。工場では仕事に集中し、家に帰ってからは、家族や親戚、友人など親しい人とお互いの家に行ったり来たりしていっしょにすごします。スポーツだって働きながら充分楽しめます。このことを日本人に話すと「そんなに早い時間に帰って来て、毎日何をしてすごすのか」と不思議に思うらしいです。

そう考える日本人の方が不思議です。

深夜のテレビで報じられていたのですが、ホストやキャバクラに五〇〇万円も使ってしまう日本人がいるのだとか。理解できませんね。月収が四〇万円程度なのに、どうしてそんなことにお金を使うの！　やめてください。騒音の中でパチンコをしている人にも驚きます。

お金と言えば、テレビではしじゅうお金のことばかりを話題にしているように感じます。旅行、お店、食品をはじめとする品物を紹介するのに、値段を大きく映し出しています。芸能人の家を見せては、高級品に溜息し、視聴者に「お金が第一、頑張らなくちゃ」と思わせようとしている気がします。とても淋しいことだと思いませんか。

お金を得るために働き過ぎて、妻や子どもと十分な時間をともにすごすことがない。お金がないと困るが、お金があることと幸せは別です。

日本での体験を活かし、母国で働きたい

横浜の小、中学校や市内各地で、子どもから大人までを対象にチェコを紹介する講座を受け持ちました。講座のために、箱根にも行きました。学生生活だけでは体験できない場所をこの目で見て、さまざまな年代の日本人と直接対話をするなど、たくさんの貴重な体験ができて楽しかったです。

一八歳のとき、チェコのサッカー一部リーグに所属していました。サッカーのワールドカップのと

きには、ＮＨＫテレビにチェコ人として生出演したこともあります。大阪に行って、プロサッカーの宮本恒靖選手や加地亮選手とパナソニックのコマーシャル撮影を体験しました。それだけではありません。三本の日本映画に、エキストラとして出演しました。一秒ぐらいで、セリフはありませんでしたが、有名な俳優さん達にも会えました。たとえば、ちょうどアカデミー賞にノミネートされて注目が集まっていた菊地凛子さんもそのひとりです。

学生のときにしか出かけられないだろうと、日光観光、愛知万博にも行き、大阪から上海への船旅も経験しました。中国、香港、タイ、マレーシア、韓国など、アジアの国々を巡り、学会のためにドイツへも行きました。日本での学生生活のあいだに、チェコへは四回帰りました。そういえばチェコでは魚を食べなかったのに、日本に来て食べるようになりました。生でも食べられるようになって刺身、寿司が大好きです。

四月からは筑波のＮＩＭＳ（National Institute for Materials Science：国立研究開発法人＝物質・材料研究機構）で働くことが決まっています。チェコから日本へ来るときは一年半だけということでしたが、勉強を続けたかったので、すでに滞在三年半となりました。仕事に就いてあと二年は日本で働きます。

チェコの大都市には日本の会社が多くあることを知りました。日本語をもっと上手になって、将来はチェコにある日本の会社で働きたいです。チェコという国は、プラハやチェスキー・クルムロフのような都市だけではありません。自然がいっぱいあって、素敵です。ぜひチェコへどうぞ。（二〇〇七年二月、取材）

タイ・カルチャーセンターの校長を務めます

ギェッティポン・ルーンスワンさん［タイ王国］

取材時三八歳。タイ王国に生まれる。大学院生のときに偶然目にした広告から人生が一変。九三年に日本へ、二〇〇〇年から、CEC（Culture Education Center）の校長を務め、二〇〇七年五月オープンの在日タイ人およびタイ政府の支援によるタイ・カルチャーセンターの校長となる。滞日一四年。

文部省による留学生として進路を拓く

タイの大学院で国際関係の修士論文に取り組んでいたある日、大学構内で日本の文部省奨学金の試験があるという掲示を見ました。受験資格は博士課程後期とあり、私に資格はなく日本に行くことも望んでいませんでした。ただ、どんな試験問題なのか興味があって、受験してみると運よく合格。面接もパスしました。留学まで決定し、理由もなく断ることはできません。断れば、来年の留学生枠がひとり減らされてしまいます。迷惑をかけまいと、日本への留学を決めると、まずは、日本で生活してきたタイ人による本をたくさん読みました。ところがどの本からも、日本の印象は悪く、不安でした。

日本での学生生活は、早稲田大学大学院から。政経の研究生として学びながら、タイの大学院で未完成だった国際関係の修士論文を書き上げ、提出しました。二年後、慶應義塾大学で情報政策を、そして上智大学では地域研究を専攻し、学生生活が長く続きました。

文部省からの奨学金により、生活面はまったく問題ありませんでした。大変だと感じることも、困難に直面したこともありません。すばらしい友達に恵まれました。たぶん、文部省による留学生だからでしょう。運がよかったです。

時間は充分ありましたから、日本人といろいろな経験を積もうと、さまざまなアルバイトをしました。週二、三回ですがNHKワールドニュースの翻訳とアナウンスをしました。タイ語の講師、支援団体での国際交流など、教育を軸にアルバイトの幅も広がり、ついに一一件もこなすようになっていました。他者への教育は自分への教育でもあります。週末の休みもなく、夜は、国際医療センターで在日タイ人向けに、またエイズ感染者への電話相談をしています。

お金になるから辛くてもやるのではなく、私は心が幸せになることなら報酬は四〇%で充分です。

日本の悪いイメージを払拭できたけれど……

日本に来る前に読んだ本には「日本人はタイの米を買わない。自分の国の車を売るが、タイの農産物は買わない。日本は冷たい国家主義の国だ」とありました。しかし、買いたくないのではなくて、食べたくないのです。ジャポニカ米を食べている日本人に、インディカ米は口に合わないだけ。タイの農産物だって口に合わない、好きではない、食べられないから買わないだけのことです。

また日本人は「会話をしてくれない、差別している、冷たい」ともありました。言葉が通じないから話してくれない、言葉の壁が障害なのです。

たくさんのアルバイトをした結果、タイにいて本から知った日本の悪いイメージとは大きく異なる事実がわかりました。来るつもりでなかった日本でしたが、日本人のおかげですばらしい、いい人生になりました。

ただ、タイとのあまりの違いに驚いたのは、大都会・東京と地方の生活格差です。日本に来てすぐ、JICAの紹介で福岡の日本人の家にホームステイしました。広い家でしたが、水洗トイレはなく、汲み取り式のトイレで、使うのに躊躇しました。タイは伝染病予防のため三〇年前から一〇〇％水洗トイレです。トラブルがあれば、国が面倒を見なければならず、お金がたくさんかかります。そうならないように、衛生に関しては厳しいです。

母国でも日本の文化を伝え、交流を深めたい

一二年前、タイ人グループのひとりとして長野県を訪ねました。〝雪〟というものを見たかったのです。初めて見た雪景色は、とても美しく感動しました。インストラクターについてスキー場で初滑

り、スキーというスポーツが大好きになりました。

もちろん、よいことばかりではありません。今もそうなのですが、電車で僕が座っていて、隣が空いているのに誰も座らないのです。立っている人も、次の駅で乗ってきた人も、僕の隣には座りません。車内は混んでいるのに、次の駅もその次の駅もずっと僕の隣は空いたまま。今でもよくあります。頻繁に使う乗り物でのことなので、とても嫌な気分です。

タイでは同じ乗り物に乗り合わせたなら、誰もが友達、挨拶を交わします。日本では、日本人同士も、外国人に対しても、人間関係がよくないと感じます。タイ人は相手を傷つけないように思いやりながらも、何でも正直に言います。そして、ほほえみを忘れません。人間関係がとってもいい国です。ぜひタイへ行って実感してみてください。

学生時代から続いている仕事を、これからも続けます。五月に開講するタイ・カルチャーセンターは、日本人がタイに関するあらゆる文化を学び体験できる拠点です。ひとりでも多くの日本人にタイの言語や文化を理解してもらい、タイとの交流を深めてもらいたいです。仕事は今のところひとりなので、すべての時間を自由に使えます。報酬四〇％、ノーホリデーを続けます。

タイに帰国したなら、今度はタイ人に日本の言語、文化を理解してもらい、日本との交流を深めたいと考えています。（二〇〇七年四月、取材）

「地震と建築」を勉強中、国に帰って活かしたい

ザンモ・ダゴさん［ブータン王国］

取材時二九歳。子どもの頃から日本に憧れていた。理由は、地理の授業で「日本」について学び、印象に残ったからだという。二〇〇六年春、二八歳で来日。インタビュー時は、横浜国立大学大学院で地震と建築について研修中。いつか習得した技術を母国のために役立てたいと、夢は果てしない。滞日一年二か月。

もっと学びたくて、日本留学を決断

ある日、「日本へ行く奨学金を出します。あなたも行ってみませんか」という新聞記事を見つけました。小さいときから行ってみたかった日本です。

高校を卒業後、オーストラリアの大学に留学してビルと地震について学びました。その後、ブータンに戻って橋づくり、道づくりのスーパーバイザーとして働きました。

ブータンでは年に二、三回の割合で地震があります。橋が壊れる、道が割れるといった大災害とはなっていませんが、今後は起こり得ると言われています。そこで、地震が多発する日本で勉強するの

が一番いいのではないかと考えました。科学技術に関しては世界的にも高いレベルにあるし、新幹線のこともちろん知っていました。日本留学に挑戦してみようと思い、応募しました。

インタビューやテストを受けて、ＯＫが出てから一年ぐらい待ちました。そしてやっと日本に来ることができました。日本でもテストを受け、二〇〇六年一〇月にようやく横浜国立大学大学院に入学できました。

住んでいるのは、ＪＲ鶴見駅から徒歩一五分の横浜市国際学生会館です。横浜国大までは、学生会館から徒歩と鉄道とバスを使うため、片道一時間半ほどかかります。通学のための労力と時間節約を考え、バイクの免許を取得する学生もいるようです。

英語を勉強したいという学生から頼まれ、数回だけですが英語を教えるアルバイトをしましたが、私にとって何よりも大事なのは、大学院の授業や研究室での勉強です。日本人の学生は、私より頑張って勉強しています。そして誰もが優しくて、留学生の私を助けてくれます。

日本の習慣や文化はブータンとも近い

通学時の乗りものはもちろん、利用する駅、なかでも横浜駅の人の多さにビックリしました。ＪＲ横浜駅で下車、いったん改札を出て、相鉄線に乗るために駅構内を一〇分ほど歩かなければなりません。人々はみな、忙しそうに行き交います。いつも忙しく動き回っていて、友達や家族とゆっくりすごす時間がないように見えます。

ブータンでは何もかもがゆっくりです。人も少ないので、都会暮しの日本人を見ると、いまだにビックリしてしまいます。ときには時間を作って、家族や友達ともっと遊んだほうがよいと思います。

自分にとって現在もっとも大変なこと、それは日本語を話せないことです。学食でメニューを選ぶのに、よくわからないので写真で決めたりします。出てきたものが食べられなかったらどうしようと不安で、毎日同じものを注文しがちです。

日本の習慣や文化に関心があるので、朝食はお茶だけで済ましていますが、昼と夕の食事はあえて箸を使おうと、天ぷら、寿司、そば、お好み焼き、味噌汁などの日本食にしています。今では納豆かけご飯も、箸で食べられるようになりました。この一年二か月のあいだ、日本の習慣、文化に馴染んできました。

ブータンの人達は、以前は手で直に食べることが普通でしたが、今はスプーンとフォークを使って食べます。パンも食べますが、主食は日本と同じジャポニカ米です。

オーストラリアへ留学したとき、大学の先生と生徒は友達のようでカルチャーショックを感じました。日本の大学では、先生と生徒の関係がブータンと似ています。靴を脱いで部屋に入ること、フロアに座ったり、寝るときには布団を敷き、使わないときはたたんでおくことも同じです。

母国のために研究成果を活かしたい

日本に暮しているブータン人が少ないので、勉強も忙しいのですが、秋には講師デビューをして母国ブータンを紹介することになっています。

ブータンの王様はインテリジェントでワイズです。心から尊敬しています。王様にとって重要なものは、国と国民です。王様のポリシーは国民みんなが幸せになること（Gross National Happiness）。ブータンの王様はみんなのゴッドみたいな存在です。

昨年、王様自らが「大統領を選びなさい」と国民に呼びかけました。来年には総選挙が実施されます。リハーサルとしての選挙が今年の四月と五月にありました。有権者の六六％、一六万人が投票に参加しました。民主化をめざすブータンに変わりつつあります。

これからも地震と建築の勉強を続けます。ドクターコースへ進むかはまだ決めていませんが、修了後はブータンへ帰り、研究成果と技術を国のために役立てたいです。（二〇〇七年五月、取材）

日本の染織、服飾を学んで

サリュコワ・マリアさん［ロシア連邦］

取材時二二歳。小学校を卒業した一九九七年、一二歳で家族とともに来日。二〇〇七年当時は、家族と離れ相模原市の神奈川国際学生会館に住み、横浜の大学で染織を、新宿の専門学校で服飾を学んでいる。卒業作品の発表を間近に控え、アパレル業界への就職活動中の四年生。滞日一〇年。

ダーチャの暮らしを、またいつか

エンジニアの父の仕事の関係で日本に来るまでは、モスクワから東へ電車で八時間のウルヤノフスクという町に住んでいました。小学生のとき、地理やアジアについての授業もありましたが、中国と日本はいっしょだと思っていました。「日本はここ」と地図で認識し、横浜や東京という都市があることと、それと富士山を知っていたくらいで、日本への関心はまったくありませんでした。

ウルヤノフスクの冬は長く寒いです。乾燥はしていますが、まだ寒い春が来て、暑くて短い夏が来ます。九月にはもう涼しくなります。それでも学校の夏休みは三か月ありました。ほとんどの人が

四、五月頃からの週末と夏の三か月、さらに秋の収穫期の九月頃まで、郊外のダーチャ（セカンドハウス）ですごします。ダーチャは家庭菜園の家という感じです。畑を耕し、野菜を作って自給自足、収穫したものは、ドライフルーツやジャムに、塩漬けにするものもあります。あるいは乾物にして、長く寒い時期に備えます。金持ちだからセカンドハウスを持つわけではなく、給料が安く節約したいのでダーチャが必要なのです。高価ではない土地を手に入れ、お父さんがレンガや木を切って建てます。その敷地内に、バーニャ（蒸し風呂）もお父さんが作ります。ただし、釜は買ってくるのですが。

近くに牧場があれば、新鮮な牛乳を買うことができます。近くの森でキノコ狩り、ラズベリーや木の実を採ったり、川で泳いだり、釣りをしたり、たっぷり太陽を浴び、澄んだ空気を吸って、自然の中で思いっきり遊びました。昆虫や動植物のことなど、自然をよく理解できました。ダーチャを持つことは、けっして贅沢なのではなく、健康的で賢いことなのです。

ダーチャの暮しによって、大人も子どもも友達ができます。週末や夏休みのダーチャでの生活が、たくさんの楽しい思い出になっています。私も結婚したら、ダーチャを持つことが夢です。

友達がたくさんいて、学校が楽しい

家族四人で日本に来て、千葉県の木更津市での暮らしが始まりました。そこから東京の麻布十番にあるロシア大使館内の中学、高校に通いました。学校ではロシア語だけの授業だったので、ロシアにいるようでした。木更津から麻布まで行くのは週一回の授業と毎月のテストのときだけです。当初は日本語がわからず、近所に友達もできませんでした。宿題やテストも独学、とても心細い六年間をすごしました。家族の仲が良いことが救いでした。

その後、日本語学校に一年間通いました。難しい漢字の読み書きができるようになり、大学進学が決まると、家族と離れ、相模原市にある神奈川国際学生会館に移りました。月曜日から金曜日、朝九時から五時まで興味のある染織を横浜の大学で勉強しています。月水木金の四日間は大学の授業の後、新宿の専門学校に直行します。夜六時から九時まで、ファッション、デザイン、製図、縫製など服飾を学んでいます。友達の紹介で、個人英語教師のアルバイトをしたことがあります。現在は友達も多く、学校はとっても楽しいです。ただ、不思議に思うことがあります。学生はグループに固まって、グループから外れるような変わったことはしません。授業中に自分の意見をはっきり述べず、質問もしないのは、どうしてでしょう。

住んで一〇年、日本が大好きになった

ロシアでは、ソ連時代に比べて自由化が進み、しかし同時にいろいろな問題も起きています。犯罪が増え、夜八時以降に女性ひとりで外を歩くのは危険です。身近で殺人事件もありました。けっして安全ではありません。また、人々に頑張るという意識は低く、仕事で手抜きをしたり、自分

さえ満足すればいいなど、一般的に価値観の低さを感じます。

他者に迷惑をかけないようにしっかり仕事をしようと、懸命に丁寧に働く日本人を尊敬します。厳しい気候のロシアと違い、日本ではスーパーに行けば何でもあります。冬でもフルーツが並んでいるのを見て驚きました。電車は定刻に来ます。日本人は礼儀正しく、規則正しく、従順です。住んで一〇年、日本に慣れ日本が大好きになりました。「住めば都」って、本当ですね。

でも、「これって、どうなの？」と異常さを感じるところもあります。たとえば、男性は仕事が忙しいからでしょうか、家族をはじめ人とのコミュニケーションがあまりなく、週末もゆとりがないように見えます。これが習慣だから？　こんな日本の考えを私は理解できないし、馴染めません。また、日本人が西欧の外国人の生活に憧れるのは変です。茶道や華道など、日本の伝統的な文化を外国人の方がすばらしいと思っています。日本人はもっと自国の文化のすばらしさに憧れてほしいです。

ロシア人は、情熱的で正直、親しくなりやすい、情も厚く、家族を大事にします。国は広く、美しい自然がいっぱいです。週末や夏は郊外のダーチャで散歩や土いじりなど自然と接するのが好きな国民です。音楽、バレエ、演劇、美術、文学など文化的にすばらしい国です。

卒業後は、親のいる木更津に戻ります。東京にあるアパレル業界のデザイナー志望です。将来は自分の洋服店を持ちたいです。（二〇〇七年六月、取材）

深刻な環境問題の解決に取り組みます

ムハマド・アブダス・サラームさん［バングラデシュ人民共和国］

一九七九年、首都ダッカに近い街に生まれ、小・中・高校を地元ですごす。二〇〇三年にチッタゴン大学を卒業。翌年、日本の文部科学省からの奨学金で日本へ、横浜国立大学大学院で環境と情報科学を学ぶ。二〇〇七年四月からドクターコースで研究を続けている。滞日三年。

文化レベルの高い日本に憧れて来ました

貧困と水害に悩まされ、環境問題も深刻な国に生まれ育ちました。

パソコン、エレクトロニクス、自動車と、科学技術と文化レベルの高い先進国である日本は憧れの国でした。日本が奨学金を出すという留学生募集の広告を見て、受験して合格。二〇〇四年一〇月、日本への留学の夢が実現しました。すぐ横浜国立大学での日本語の勉強が始まりました。語学の壁は三年経った今でもとても厚く、苦労しています。パソコンの使い方、機械の操作なども教えてもらいました。

横浜国立大学大学院に入り、環境と情報科学を学んできました。二〇〇七年の四月から、同じ研究室の博士課程に進み、月曜日から金曜日まで、朝一〇時から夜八、九時まで大学ですごします。土日のみフリータイム、日本での生活は三年になりますが、ずっとこの生活を続けてきました。奨学金が出ているので、アルバイトはしていません。週末、市民グループが主催する文化会などで、英語を使う交流に参加したことはあります。

バングラデシュは、国土の六八%が肥沃な耕作地です。ジュート、米、茶、小麦、サトウキビなどを栽培しています。天然ガス、石炭、森林など、天然資源に恵まれた国です。

日本に来てからも、主食はお米です。バングラデシュのいろいろなスパイスを入れてフィッシュカレー、チキンカレー、ビーフカレー、ベジタブルカレーなどを毎日自分で作って食べます。食前、食後は必ず神へ祈りを捧げます。ムスリム（イスラム教徒）なので、牛肉、鶏肉は食べますが、豚肉は食べません。酒も飲みません。今は日本食にも慣れ、箸を使って天ぷらうどん、海老寿司、かつお、サンマなどを食べられるようになりました。

ノーベル平和賞のムハマド・ユヌスが誇り

バングラデシュは、旧英国領インドからパキスタンの一部として一九四七年に独立。七一年ベンガル人の国としてパキスタンから独立しました。国旗は緑豊かな国を表す緑を地に、真ん中の丸は独立戦争で殉教した人達の血を表しています。森林の多い、自然がいっぱいの国です。

二〇〇六年にノーベル平和賞を受賞した、グラミン銀行総裁のムハマド・ユヌスさんは、人口の半分が読み書きできないバングラデシュの貧しい農村地帯だけでなく、世界中の貧困をなくそうと努力しています。私が二〇〇三年に卒業したチッタゴン大学の教授をした人でした、私の誇りです。

バングラデシュの環境問題に取り組みたい

バングラデシュがかかえる環境問題は悲惨で深刻です。問題は主に水害と温暖化です。

バングラデシュには、独自の川は一つもなく、インド、ネパールから流れてくる河川が一四〇本もあります。乾季には、インドがダムで水をせき止めるため、幅四キロもある川が干上がってしまいます。雨季には逆に大量の水がダムから放出されるため、毎年一〇万人が家を失うほどの水害にみまわれます。さらに、インドでは新しいダムが建設される予定で、完成すると七割の人が農業に従事しているバングラデシュにとっては死活問題です。

エベレストに近い氷河湖は、地球温暖化の影響で氷河から急激に融け出した水が流れ込み、日々拡大しています。たびたび決壊しては洪水が起き、命や生活を脅かす被害をこうむるのはネパールやブータンばかりでなく、バングラデシュにまで及んでいます。

氷河湖から流れ出した水はインド北東部を経て、バングラデシュを流れる三大河川（ヒマラヤからのガンジス川、北部チベット高原からのブラマプトラ川、ミャンマーのアラカン山脈からのメグナ川）に流れ込み、ベンガル湾へ抜けます。その際、これらの大河が氾濫します。

バングラデシュは国土の半分以上が海抜七メートル以下にあり、年平均降水量が五〇〇〇ミリ（東京の倍以上）を超える洪水多発地帯です。そこに地球温暖化が追い打ちをかけ、洪水というかたちでバングラデシュの住民を脅かしています。次は、洪水の被害を伝える新聞記事からの抜粋です。

「この一年で川岸が三〇〇メートルも浸食され、一五〇軒もの家を失った。この一週間だけでも六軒が消えた」

「川岸に建つ家では、解体作業が急ピッチで進められていた。危険を避けるため、川から離れた所へ移築するのだという」

「私は一三回も米店を移築した。一〇年ほど前から浸食が始まったが、とくにここ二年でスピードが速くなった。いくら移築してもまた川が迫ってくる」

温暖化による洪水の発生により、確実に村が削られているのです。深刻な環境破壊が続いています。一日も早く、勉強したことを母国のために役立てたいと思っています。（二〇〇七年八月、取材）

勇気だけで日本へ、いつか貿易の会社を創りたい

ラジェンドラ・シー・シュレスタさん［ネパール王国］

取材時三七歳。ネパールの首都カトマンズに生まれる。語学学校で日本語を学んでいた頃、国際交流基金の招待広告がきっかけとなって初来日。一九九六年には私費留学を決め、再び日本へ。情報関連や貿易など、多様な仕事経験を活かし、忙しい日々を送る。滞日一二年。

二五歳、ほぼ勇気だけで日本留学を決めた

大学二年生のときに、漠然と海外留学願望をいだきました。英語を話すことができるのでアメリカ留学を想定しましたが、アメリカは遠いし、経済的にも無理そうでした。

日本については、中学・高校時代に学び、戦争を経て近代化した国であること、ホンダ、スズキ、ソニーなどすばらしい工業製品を産み出す技術の国であることも知りました。カトマンズには、日本の中古車が走っています。

三歳上の兄が仕事で日本へ行っていたことも影響し、日本への留学を考え始めました。ただし、日

本語がぜんぜんできません。語学学校に二年間通って勉強しました。その学校で、ネパールの日本大使館と国際交流基金が、日本語を世界中に広めたいと、文化交流に携わる人材を募集していたのです。私は、世界一二〇か国で実施されている日本語能力テストを受けて合格しました。その後、文化交流ということから二週間、日本に招待され、東京、浅草、京都、奈良を見学しました。

日本は、情報処理システム技術についても、思った以上に進んでいました。「またこの国に来たい」と、二五歳になった翌年、経済的な準備のないまま決断。私費留学とはいえ、ほぼ勇気だけで再度日本にやって来ました。

日本に来てからも二年間は日本語を勉強しました。アルバイトで得たお金を、学費と家賃にあてる生活。日本の物価はとても高いので、考えられないほど忙しく働いても、生活はギリギリの状態です。

日本語については漢字がネックでしたが、どうにか二級に合格。日本語がある程度できるようになると、さてこれからどうしよう、自分は日本で何をしたいのか、自問自答しました。大学に行きたかったけれど、今までの生活の大変さがよぎり、これから四年間の学費と生活費はとても賄えそうにありませんでした。短期で技術を身につけようと決め、情報処理の専門学校で勉強することにしました。

やはり何かと不思議な日本人！

専門学校を卒業したときは、二九歳になっていて、初めてフルタイムの仕事に就きました。それから八年、ＩＴプログラマー、計算ソフトのエンジニア、また英語ができるので測量機械を生産して、台湾、韓国、スイスに輸出する会社では、輸出業務、翻訳などをやり、いろいろな仕事を体験してきました。

フルタイムでの仕事現場は五時が終業ですが、五時に帰る人はほとんどいません。仕事は終わっていても帰りづらさを感じる職場があります。そうした一方で、「納期を守るために、今月いっぱいは徹夜だ」と言われ、ファミリーレストランで夕食をした後も働きました。

どの会社でも、日本人は男女ともに実によく働きます。何かと犠牲があるのでしょうが、こういう日本人でなければ、今の日本はないのかもしれないと思います。

居酒屋のアルバイトをしていたときは、不思議な日本人をたくさん見ました。スマートに背広を着こなす紳士が、お酒を飲むと上司や同僚の悪口を言い合い、仕事への愚痴を大声で乱暴な言葉で話している姿に驚きました。ネパールではこのような体験はありませんでしたし、私が思い描いたことのない別の日本人を見ているようでびっくりしました。

電車に乗っても、歩いていても、ネパール人の私はいつもジロジロと見られます。日本人は、フランス人やアメリカ人などを優先して、アジア人には差別的だとも感じます。英語をしゃべると、それだけで親近感を抱いてくれる人もいます。

苦労したのは部屋探しでした。外国人ということだけで、何か問題が起こると面倒だからと思うらしく、不親切で冷たい。日本は国際化してきたし、大きく変ってきたと聞きますが、外国人、とくにアジア人に対しては、先進国としては余り変わっていないように思います。

公的機関での国際交流イベントにゲスト出演して、日本人にネパールの文化や生活の紹介を続けて一〇年、私も楽しんでいます。これからも続けます。

ネパールと日本、両方の社会に貢献したい

日本語を自由にしゃべれるようになって、日本人の知り合いもたくさんできました。

日本での暮らしが長くなっているので、ネパールへ帰るときには、ある程度の計画を立てなければと考えています。すぐというわけにはいかなくとも、いつか必ず、できれば会社を立ち上げて、日本とネパールの懸け橋となる貿易をしたいです。

会社を創ることは、日本人にもネパール人にも良いことです。そこに就職する人が必要になり、人を雇うかたちで人助けができます。社会への貢献をすることが私の目標です。（二〇〇七年一〇月、取材）

質の良い義肢を作り、夢は医師か政府の役人になること

ウムリサ・ガクバ・ディアネさん［ルワンダ共和国］

取材時二一歳。東アフリカのルワンダに生まれる。ポリオで左足を失った父のため、将来は医師になろうと、高校を卒業後に義肢製作所で働き始めた。二〇〇七年八月、より高度な義肢装具製作技術を身につけようと、二一歳で日本へ。翌年三月までの約半年間を技術研修員として勉強中。滞日四か月。

一〇〇万人以上が犠牲となった内戦を乗りこえて

自然災害や病気や思わぬ事故によって障害者となった人がたくさんいます。とくにルワンダでは、一九九四年に大量虐殺がありました。一〇〇万以上の人々が殺され、さらに地雷、ポリオで多くの人々が身体に障害を受けました。車椅子を使う人、義足や義手などの装具を着ける体の不自由な人がたくさんいます。私の父もポリオで左足を失いました。

ルワンダにある義手や義足はまだまだ技術的に未熟です。私自身は身体的にどこも不自由はありませんが、多くのハンディキャップをかかえる人達の中で育ちました。いつか、少しでもその人達の力

になれるような仕事に就きたいと思っていたので、高校を卒業し、ルワンダの首都キガリにある障害者を支援するNGOに就職しました。

ルワンダの人々は、集団虐殺の悲惨を乗り越えようと立ち上がり、国の再建に努力しています。しかし障害を持つ人々は協力したくても、思うようにいきません。

悲劇の爪跡がいまだ生々しい一九九六年、障害者の社会への自立を支援する目的で、ルダシングワ真美さんと夫のガテラさんが、神奈川県茅ケ崎とルワンダの首都キガリに事務所を開設しました。私の勤務先NGO「ムリンディ・ジャパン・ワンラブ・プロジェクト」です。ガテラさんも右足が不自由で装具を着けています。私たちの活動概要を記します。

- 義肢製作所
- 整形外科をオープン
- 整形術、補形術、補綴術の移動サービス
- 職業技能訓練学校
- 社会復帰へのリハビリ
- スポーツの奨励
- 日本語、スワヒリ語、キンヤルワンダ語の勉強とその言語を介しての文化交流

キガリに開設した義肢製作所では、九七年から日本で集めた寄付や助成金などをもとに、義足や義手、

鉄パイプを利用した杖を一〇年間作り続け、手足が不自由な約五〇〇〇人に無償で配ってきました。

二〇〇〇年のシドニー、二〇〇四年のアテネでのパラリンピックへ、ルワンダの選手を送りました。二〇〇七年一一月、静岡で開催された障害者の職業技能競技会、「第七回国際アビリンピック」には、ルワンダの女性を初参加させようと奮闘しました。この女性はポリオで子どもの頃から両足が麻痺し、装具を着け、杖を使わなければ歩けませんが、一〇年ほど前に、女性の障害者組織を設立しました。刺繍の技術を磨き、刺繍入りテーブルクロスやエプロン、バナナの木の皮を使ったポストカードなどを手作りし、販売するリーダーです。国際アビリンピックは一九八一年、障害者の職業技能の向上や経済活動への参加意欲の促進などを目標に、東京で初開催されました。

ルダシングワさん夫妻は「自立の道を模索する姿を伝えたい。大会に出るだけでなく、一日でも長く日本に滞在し、交流の機会を持ってほしい。国外に出ることで、参加者の世界が広がる。障害者の自信につながるはず」と、渡航や滞在に必要な資金を募って支援しました。

義肢製作所で基本技術の習得をめざす

ルワンダの私の勤務先が、二〇〇七年度の神奈川県海外技術研修員受け入れ事業に私を推薦してくれたことが、日本へ来るきっかけでした。第二次世界大戦で深刻な事態に陥ったにもかかわらず、経済力を世界第二位まで高めた日本は、技術的にもすばらしく、興味深い国でした。

日本の義肢製作所で勉強できることが決まり、二〇〇七年八月、初めて日本に来ました。住まいは横浜市の二俣川にある神奈川県国際研修センターです。同年度の全研修生は私のほかに中国、モンゴル、ウズベキスタン、タイ、ラオス、カンボジア、エクアドルからの女性たち。それぞれ部屋は個室ですが、共同のキッチンでの自炊生活です。

忙しい毎日が始まり、友達もできず淋しいし、日本の冬の寒さにも驚きました。暖房した部屋の中でもコートを脱げません。時間を守る日本人に驚きました。一〇月から三月まで、朝は五時に起き、夕方五時三〇分まで、研修場所の平井義肢製作所に通って、次のような研修を受けています。

- 義肢装具の概念的な共通の問題
- 医学的な義肢装具に関連深い疾患の知識
- 殻構造義肢と骨格構造義肢分類
- 義肢装具基本工作論
- 義肢装具生体力学

基本的な技術は身に付けて帰れるだろうと思います。

ルワンダでは女性の地位が上がってきました。研修を終えてキガリに戻り、大学で経済か整形外科の勉強をして、医者か政府の役人になりたいです。（二〇〇七年一二月、取材）

日本での学びを活かし、看護師を続けます

プァントン・チュリワンさん［タイ王国］

一九七八年生まれ。タイのバンコク国際病院で看護師として働く二九歳。日本の医療サービスを研修するため、七か月間の予定で来日。済生会横浜市南部病院で患者のための健康教育と技術、小児看護、福祉などを研修する。滞日四か月余。

バンコク国際病院の医療ビジョンのもとで

私が勤務するバンコク国際病院は二〇〇五年に設立され、最先端の医療技術・設備を備え、小児科から老齢科、脳神経科から心臓循環器科まで多岐にわたる治療に当たっています。さらに、日本人専用クリニック、アラブ人専用クリニック、外国人専用クリニックがあるのが特徴です。

この国際病院のビジョンは、さまざまな文化、宗教、個人的なニーズを持つ人々に細心の注意を払い、献身的に接し、快適で心地よい環境を提供すること。そのため、ここで働く医師や看護スタッフは、海外での研修経験を積んでいます。二六もの言語に対応し、心のこもった患者とのコミュニケー

ションを大切に、治療を行っています。

日本人専用クリニックでは、日本の医大を卒業したタイ人医師が毎日診療しています。日本人スタッフを含む日本語通訳もいて、言葉の心配はありません。気候や生活環境、言葉が異なるタイで働く日本人のために、気軽に相談できる日本語通訳サービスを二四時間提供しています。日本と同じシステム・検査項目で健康診断を受診できます。

医療サービスだけでなく、患者とその家族が滞在期間中、安心してすごせるよう、旅行スケジュールのアレンジや特別価格で宿泊できるホテル、アパートの紹介などのサービスもあります。その他、空港までの送迎サービス、大使館や国際機関との折衝、近隣諸国からの救急搬送、本国への搬送などのサービスを提供しています。

日本人の患者さんと接し、日本に興味をいだく

バンコク国際病院の日本人専用クリニックで働いています。日々接している患者様の国である「日本」で生活し、医療現場を自分の目で見たくて、技術研修に三回チャレンジし、ようやく夢がかないました。

住まいは横浜市の二俣川にある神奈川県国際研修センターです。同年度の全研修生である中国、モンゴル、ウズベキスタン、ルワンダ、ラオス、カンボジア、エクアドルの女性たちがいっしょです。そ

れぞれ個室ですが、共同のキッチンで自炊生活をしています。

研修先は、済生会横浜市南部病院。相鉄線に乗って横浜駅へ、根岸線に乗り換え、港南台で降ります。朝七時過ぎには電車に乗り、五時半まで研修を受け、自炊生活する毎日です。

学んでいるのは、主に次のようなことです。

- 医療事情、看護事情

- 病棟・外来の役割

- 看護及びチーム医療の実際

- 産婦人科・小児科病棟及び外来の実際

- 内科疾患と継続看護

- 地域連携の実際

たくさんのことを勉強しています。また、日本の健康保険制度はすばらしいと思います。タイでは裕福な人達だけで、貧しい人々には国が補助します。

日本人の人柄、食、高齢化する社会

毎日利用する横浜駅は、人がたくさんいて押されることもあり、恐さを感じます。

タイに比べて日本の人達は時間に厳しいですね。そして日本人は恥ずかしがり屋で、知らない人とは話さないし、用心深いとも思います。不思議なくらい「すみません」、「ごめんなさい」、「大丈夫ですか」という言葉が、頻繁にはさまれます。

食事については、タイでは魚は焼いたり煮たりして食べるので、最初刺身は恐くて食べられませんでした。勇気をだして食べてみるとおいしかったので、お寿司が大好きになり、今では回転寿司にも行きます。研修のとき、お弁当にお寿司を持って行くと、まわりの人からすぐ冷蔵庫に入れなさいと言われました。日本人は優しい、何かと世話をやいてくれます。

タイでは、スパイスを用いてたくさんの肉を食べるので、体は細いけれどコレステロールが高い。日本では魚の料理が多く、コレステロールが少なくてよいです。野菜も日本のものはとてもおいしくて、トマトも甘い。タイのトマトは甘くありません。食べ物ではありませんが、初めて水道のセンサーを見て、記念に写真を撮りました。

子どもの数が少ないというのも日本についての印象です。タイは大家族制で母親は働いていますが、子どもが三、四人いる家もあります。平均的には二人ぐらいで、ほとんどの場合、おばあさんが子どもの面倒を見ています。

老人が多いことに驚きました。タイの平均寿命は女性が七一歳、男性は六七歳です。日本で九〇歳の人に初めて会ったときはビックリ。タイでは見たことがありませんでした。

タイでも女性の意識が高く、そして女性が強くなっています。私はまだ結婚のことは考えていません。日本での生活、研修した専門的な知識、技術、医療サービスなどを役立てながら、看護師を続けていきます。（二〇〇七年一二月、取材）

男女差なく社会の第一線で活躍したい

アミーラ・アデモビックさん［ボスニア・ヘルツェゴビナ共和国］

一九七〇年、首都サラエボに生まれる。二〇〇五年にJICA（国際協力機構）主催の研修のために初来日。二年後の二〇〇七年、文部科学省のスカラーシップで二度目の来日。横浜国立大学大学院に在籍し、インフラストラクチャー・マネジメント・プログラムを履修。滞日一年半余。

二度の来日の時間を、めいっぱい有効に

初来日は二〇〇五年九月でした。それまでサラエボの政府系企業で働いていましたが、ＪＩＣＡ主催の研修生として、日本に来ました。当時はサラエボから日本への直行便はなく、ウィーンでの乗り継ぎも含めて、ほんとうに長い旅でした。

旅行が好きで、ヨーロッパの各地を巡りました。日本ではフライトアテンダントの方々が、ヨーロッパの人達の誰よりも親切で、笑顔も感じが良く、大好きになりました。そのときは名古屋に六週間滞在し、休みの日には京都や大阪へも出かけて、初めて寺院や神社を見て回ることができました。

生け花、きもの、和室で畳にじかに座ることなどが不思議で、面白くて驚いてばかりいました。

私の二歳上の姉は一九九二年に起きた内戦で亡くなりました。日本の平和と美しい大自然にも感激しました。浅草の浅草寺を参拝したとき、また日本に来たいと祈りました。

それから二年後の二〇〇七年二月、大学院で勉強をするために再び来日することができました。今度は、横浜市鶴見区にある横浜市国際学生会館に住んで、横浜国立大学の大学院に通っています。「ホームシックにならないように」というのと、何より勉強がしたかったので、二四時間をめいっぱい使って忙しくすごしています。月曜から金曜のあいだは、毎朝六時に起きて八時には大学に向かい、真夜中近くまで勉強しています。

週末は美術館、映画館、博物館へ出かけるカルチャーライフ、水泳やエクササイズなどスポーツクラブに出かけるスポーツライフ、友達や会合、イベントに出かけるソーシャルライフ、この三つの生活スタイルで身体的、精神的、知的ライフを楽しんでいます。

日本独特の習慣や生活スタイルに興味津々

日本の食べ物では、うどん、そば、天ぷらが好きです。とくに寿司と刺身が大好きです。生の魚はノルウェーを旅したときに初めて食べて、その次はサラエボで。ですから、日本での刺身は三度目でした。今では、寿司や刺身にもいろいろあって、新鮮でおいしいのと、そうでないのとがわかるようになりました。

サラエボの実家では、パンと肉と野菜たっぷりのヘルシーな母の手料理を食べていました。それが日本に来て外食をするようになったのと、お菓子、とくにケーキがおいしくて、おまけにジャンクフードなども食べているうちに、体重が三か月で七キロも増えてしまいました。そのあと一応、二キロほど減らすことができたのですが……。

日本人はとても親切で、礼儀正しくて穏やかです。駅で、誰もがちゃんと列に並んで電車を待っているのを見てびっくりしました。私は背が高いので、電車に乗るときよく頭をぶつけていました。また電車でも、サラエボと違って人が多いのに驚きます。でも、私の国のように大声でしゃべったり、笑ったりすることがないので、とても静かです。それと、男性でも女性でも、よく電車やレストランにひとりでいますね。携帯電話を使っている人や本を読んでいる人がいます。眠っている人もよく見かけます。疲れているのでしょうか。

二度目にこちらに来てから、畳の部屋で座る機会はまだありません。和服の人や、生け花をする人も見ていません。私の身近には現代的なものは多くありますが、日本の伝統的なものは見られません。

日本の女性は、まだ仕事での活躍の場が社会的に男性と同等ではないようで、結婚をすると仕事を続けるのは難しいなどと聞いたことがあります。私は、こうして学んだ知識を仕事に役立てて、男性と同じように社会の第一線で活躍したいと考えています。

サラエボにいる母は、国に帰って結婚をするようにと勧めてきます。私は背が高いので、難しいと思っているのですが。もし結婚したとしても、仕事を辞めない生活をしていきたいです。

日本人は勤務時間が過ぎてもオフィスに残っているし、仕事の後も仕事仲間と酒を飲むと聞きます。働きすぎ、仕事中毒みたいで、その点は私には理解できません。私の国との違いをあげれば、交通の左右とか、食べ物や習慣、振舞いなどきりがありませんが、日本が大好きになりました。

私がそんなに好きだという日本をひとめ見たいと、来月、妹と甥が遊びに来ます。私の国では家族や友達とすごすために、たくさんの時間を使います。ふたりが来るのが嬉しくて、今からとても楽しみにしています。(二〇〇八年五月、取材)

遠い国にいても「家族が第一」

スマディ・イサム・アーベットさん［ヨルダン・ハシミテ王国］

一九七七年、首都アンマン生まれ。二〇〇四年、奨学金を得て来日。二〇〇五年の夏にヨルダンに戻り結婚、いっしょに日本で暮らす。二〇〇八年当時は横浜国立大学大学院に所属、リニアモーターの制御やロボットの研究など、電気工学を専門としている。滞日三年半。

留学、結婚、子を授かって日本暮らし

奨学金を得て日本へ来ました。ヨルダンでは学生が留学をする場合、日本などは遠いので、ほとんどが近くのヨーロッパ諸国かアメリカを選びます。私は、パソコンや自動車、テレビなどの技術を学ぶには、日本はアメリカと比べても遜色ないと考え、留学先を日本に決めました。

到着してすぐ、大きな誤解に気づきました。アメリカと同じで日本でも英語が通じるとばかり思っていたのです。ヨルダンの主言語はアラビア語で、一二歳のときに英語も習っていました。日本語は聞いたこともありませんでした。そんなわけで、成田空港から横浜へ行くのさえ大変でした。乗り場

も切符の買い方もわかりません。でも、日本の人達は優しく教えてくれました。

来日してすぐの頃は、横浜の弘明寺にある大学の寮で一年間ひとり暮らしをしました。最初はまわりに知らない人ばかりで、淋しさを感じました。翌年に一度ヨルダンに戻って結婚、妻となった女性と再び日本に来ました。今は鶴見にある横浜市国際学生会館にふたりで住んでいます。

知り合いのいない異国での暮らしは妻にとっても淋しく、ふたりで早くヨルダンへ帰ろうと思ったこともありましたが、結婚生活が一年ほどになった頃、妻の妊娠がわかりました。さて、出産をどこでするのがよいのか、初産でもあるし、両親がいるヨルダンの方が安心できると考え、いったん帰国するつもりでいました。とはいえ、懸念もありました。ヨルダン自体は安全な国ですが、周囲には戦争をしている国もあって、いつ何が起こるのか状況がつかめません。生まれてくる我が子のため、妻のためを思うと、必ずしも帰国するのがよいとは思えませんでした。

そうこうするうちに、私も妻も少しずつ日本での生活に慣れてきて、知り合いも増え、私達の母親代わりになってくれるような、日本人の親切なおばあちゃんとも友達になりました。いろいろ考えて、不安はあるものの日本で出産をすることに決めました。そして二〇〇七年六月、周囲の人達の励ましや支えのおかげで、無事に長女が誕生しました。

人を変える飲酒と、子どものことが気がかり

食事に関しては不便を感じることがあります。私はイスラム教徒ですから、鶏・牛・羊の肉はよいのですが、豚肉は食べることができません。しかし日本では、ハラール食品（豚肉やアルコールを含まず、牛肉や鶏肉も教義に従って処理された材料を使う）の入手が困難です。

また、ヨルダンは海に面していないので、日本の人達のように魚を食べる習慣は珍しく、来日当初は刺身や寿司などを食べることはできませんでした。ある会食のときも、「どうぞ」とすすめられましたが、気持ちが悪くて箸を付けることはできませんでした。その後もいろいろな機会にすすめられるので、あるとき勇気を出して食べてみました――「おいしい！」。以来、お寿司が大好きになって今では週に二回は食べています。ただし納豆は、味も匂いも苦手で今でも食べられません。またヨルダンでは、白いご飯を味付けせずにそのまま食べる習慣がないので、日本人が好んで食べる白いご飯にも驚きました。

ヨルダンでは大多数の人がイスラム教徒であり、お酒は飲みません。私も日本人の友達と出かけるときは、いつもソフトドリンクか水、アラビックコーヒーや紅茶を飲みます。日本の人達は、普段は恥ずかしがり屋で口数が少なく、人前でその人自身をさらけだすことがないように思います。何を考えているのか、わかりません。ところが、そんな人がお酒をたくさん飲むと一変することがあります。よくしゃべるようになって、こんなに面白い人だったのかと再認識させられることもしばしばです。

お酒を飲むような集まりの場で、いつもとは違う人達を眺めながら、飲酒をしない私はひとり、つぶやきます。

「お酒の力なんて借りなくとも、もっと普段から自分自身を表現すればよいのに」と。

三年間、日本に暮らして思うことは、第一に日本人はルールをきちんと守る人達だということです。自分のゴミは自分で片づけ、プラットフォームではちゃんと並んで電車を待ちます。鉄道がいろいろな所を通っているので、どこへでもすぐに行くことができて便利です。区役所などで申し込みのために待たされたこともないし、何であれ、時間がかからないのはいいことです。街にはお店もレストランもたくさんあって、高級店から安価な店まで好みに合わせて選べるのも嬉しい。とにかく生活をするうえで、便利だと感じることが多々あります。

ヨルダンでは小・中学生は、昼ごはんと夜ごはんは、家で家族とすごす時間でもあります。午後四時過ぎに、子どもを外で見かけることはありません。家族を第一に大切にするヨルダンでは、小さい頃から祖父を尊敬するように教えられます。数年前に新潟で地震があったときもそうでしたが、日本で大きな災害などが発生すると、すぐヨルダンにいる家族から電話があります。遠く離れていても家族を思う気持ちは繋がっていることを実感します。

日本では夜一〇時を回るような遅い時間でも、子ども達を街でよく見かけるので、驚かされます。

(二〇〇八年五月、取材)

日本に来て悔いなし、九年目に帰化しました

烏麗罕さん［中国・内モンゴル自治区］

取材時三八歳。父の友人である日本人の勧めで内モンゴルから日本へ。帰化し、結婚。国際交流イベントや旅行企画に携わり、居酒屋も経営。さまざまなボランティア活動を展開する。滞日一五年。

父の友人の言葉で、日本行きを選択

モンゴル民族は歌が好きです。私は六歳頃から、人が集まるとよく歌ったり、踊ったりしていました。中学一年生からはピアノを、三年生になると歌を習い始め、美術と音楽が専門の高校に入り、大好きな歌と踊りを勉強しました。モンゴルには音大はなく、大学ではロシア語を専攻しました。

姉から「歌や踊りでは将来性がない。通訳や翻訳などの仕事に就く方がいい。スペシャリストになるためにロシアで勉強しなさい」と言われ、ロシア留学を決めました。ところがなぜか、日本に来ることになったのです。

父の友人に、東京の高校の理事長をされている方がいて、毎年、馬に乗りにモンゴルまで来ます。私がロシアに行こうとした夏、その先生に「日本語学校の先生を知っているから、日本へ来ないか」と勧められました。その言葉で、ロシアをやめて日本にしました。

一九八八年から二年間、日本に留学していた姉のご主人から、富士山、桜、新幹線の三つが入った絵葉書をお土産にもらったことがありました。富士山はどれくらい高いの、なぜ有名？　桜の花など見たこともない。風が強いモンゴルでは砂が入ってしまうので、花見と称して野原で飲食をすることなど考えられないとか、絵葉書を見ながらいろいろと思いを巡らせました。

山口百恵が演ずる白血病で死ぬ主人公のドラマを見て、冬でもスカートでストッキングをはいている姿に驚きました。私はストッキングなんてはいたことがありません。それに日本は雪が降るから、すごく寒いのだと思っていました。

モンゴルではいつも長いスカート、冬にはその下に厚めのタイツや股引をいっぱい着こんで、ブーツをはくので格好なんてよくありません。薄着でいられるから素敵に見えるのだと思いました。ところが八三年頃、モンゴルでもスカートをはいた姿を人に見せることが流行ったことがありました。

来日して九年、日本への帰化を決める

日本に呼んでくれた父の友人の高校の寮に入り、一年半のあいだ一時間かけて目黒の日本語学校に通

いました。週末は大好きなピアノと歌のレッスンです。高校を卒業して、短大に入学、音楽専攻で声楽を勉強しました。ミュージカル、オペラのレッスンを受け、卒業後はビデオを編集する会社に就職しました。しかし、徹夜が続く生活で体調を崩してしまい、土・日が休めて自分の時間を持てる旅行会社に転職しました。午前中は大使館へ、午後は会社でビザ取得の事務仕事をしています。

現在は、有限会社を設立。借りた五階建てビルの全部を使って、国際交流イベントや旅行企画、結婚した中国人の夫のアイデアで多国籍料理の居酒屋を営んでいます。

私の姓名は坂川馨《かおる》です。ビデオを編集する会社にいたとき、ハワイに行く用があり、モンゴルからハワイへのビザが必要でしたが拒否され、「日本人ならＯＫ」と言われたので、日本の国籍を取ることにしました。馨という名前は、作曲の先生がつけてくれました。姓は、名前に関する本から自分で選びました。約半年がかりで、日本人になりました。日本に住んで九年目の二〇〇一年のことです。

日本社会は、頑張れば夢を実現できる

高校の寮生活が、私の日本での生活のスタートでした。言葉ができず、友達もいなくて大変でした。普通の学生のように、自由に食べたり飲んだりできません。寮には外部の人はいっさい出入り禁止です。門限もあって、学校から寮へまっすぐ帰らなければいけません。作文や挨拶で、一日の報告をすることになっていました。

勉強はトップクラスじゃないと私を日本に呼んでくれた理事長に申しわけない。そうした思いからの緊張と不自由さがストレスになりました。そんな辛いことも、今となっては楽しい思い出、感謝の気持ちでいっぱいです。恩返しをしたいと思っています。とはいえ理事長はお金持ち、自分は先生より金持ちではないので、何をすれば先生は喜んでくれるだろう？ 先生の望みどおりの人間になることだ、と私はそう思っています。

日本は生活も交通も便利。電車や映画館の中で、誰も周囲に迷惑をかけません。ゴミはゴミ箱に入れ、行楽地のゴミは持ち帰るというマナーを、大部分の人が守っている。衛生的で、街中がきれい。そんな日本を尊敬します。それに、おしゃれができるって嬉しい。春先は花、夏は祭り、海にも行ける。秋は紅葉、冬は温泉、スキーにも行きました。日本では、一年中楽しみがいっぱいです。国際的な情報が早いので、本場のオペラを見ることもできました。

モンゴルの夏はきれいです。冬は寒くて夜が長いので、食べて終わり。スキーができる雪ではないし、温泉は病気の人だけで、元気な人は行きません。

生活上、勉強上、仕事上、外国人として悔いはありません。幼稚園、小学校、公的施設でモンゴルの歌や踊りを紹介しながら、国際理解のボランティアを続けます。

これからも国際交流イベントや旅行企画の会社を続けていきます。営業している多国籍料理の居酒屋のチェーン店を渋谷、新宿、六本木に持つのが私達ふたりの夢です。（二〇〇八年六月、取材）

日本の人達はよい経験を礎に、もっとプラス思考になってほしい

シャフルフ・アブドゥワヒドブさん［**ウズベキスタン共和国**］

一九八五年、タシケント郊外で生まれた。ウズベキスタンの大学在学中に、日本の文部科学省が募集した奨学金留学生のテストに合格し、二〇〇五年に来日。東京外国語大学で一年間、日本語を学んだ。横浜国立大学経営学部三年生。二〇〇八年現在は就職活動中。滞日三年半。

敗戦から立ち上がったアジアの国へ

高校卒業後、世界経済外交大学に入学しました。ここは、一九九二年に大統領の命令で設立された、ウズベキスタン唯一の五年制の大学です。二年のとき、第二外国語の選択に際して日本語を選びました。漢字が面白く、魅力的でした。覚えられるかどうかわからないが挑戦してみようと思ったのです。教えてくれたのは日本人の教授でした。それからほどなくして、日本の文部科学省が実施する留学生募集のテストに合格しました。二〇〇五年、奨学金を受けての日本留学が決まりました。

日本に関しての知識は、敗戦から立ち上がったアジアの国であること、国民総生産（ＧＤＰ）はアメ

リカに次いで世界第二位であること、国内の天然資源は少ないが世界に負けない技術力があること、トヨタやパナソニックやソニーといった世界的な企業が有名な製品をたくさん生産している、ということくらいでした。ほかには、サムライ、そして歌舞伎にも漠然と興味をいだいていました。

来日して、東京外国語大学の寮で一年間をすごしました。その後、横浜国立大学に移籍したので、大学に近い保土ヶ谷のアパートに引っ越しました。現在もそこにいます。ウズベキスタンの友人といっしょに住んで二年半になります。

大学では卒業に必要な単位はすでに履修したので、今は就職活動の最中で、大学へはゼミに出席するために行きます。アルバイトで、個人レッスンの英語教師とソフトウェアのロシア語への翻訳をしています。週二回は、趣味のサッカーの練習をします。ポジションはフォワードです。

お年寄り、家族、経験を大切に

初めて来た東京では、人々からの温かさが感じられませんでした。誰もが忙しそうにしていました。何か尋ねようとしても黙って通り過ぎて行きます。私みたいな外国人とは話したくないように見えました。そのときは、どうしてなのか理由がわかりませんでした。

横浜に住んで、自分が日本語を話せるようになり、日本人に日本語で話しかけてみると反応が異なることに気づきました。誰もが優しく、面倒がらずに積極的に応じてくれます。たとえば、私が行きたい目的地までの道を聞くと、近くまでいっしょに来てくれることもありました。日本の多くの人達が英語をうまく話せないので、外国人に話しかけられるのが不安だったのです、英語に対するコンプレックスが原因と解釈しました。

ところで、電車などで若い人がお年寄りに席を譲らないのはなぜですか？　まるでそんな決まりでもあるかのように、目の前のお年寄りを気にせず平然と座っていました。周囲もそのことに無関心でした。年長者への敬意が感じられません。私の国では、どんな若者でも自分がどんなに眠くとも席を譲ります。逆に、私の国ではマイペースな人が多くて順番なんて守らないのに、日本の人達は駅のホームとかスーパーマーケットとかでもちゃんと並んで順番を待っています。それが、日本における一つのマナーなのか、と受け止めています。

日本には「遠い親戚より近くの他人」などということわざがあるそうですが、私には理解できません。日本では、家族関係がずいぶん疎遠ではないかと思います。自国では、息子は両親と同居しなくてはなりません。そうしなければならない、という強い信念があります。日本人には友人同士にも同じような傾向がありませんか。あえて距離を置くのか定かではありませんが、今では私も日本人の傾向に合わせていますが……。

私の国の人々は、イスラム教に基づく伝統的なルールのもとに暮らしています。そこに自分らしさ、アイデンティティがあるのです。日本には決まった宗教がありません。教会で結婚式を挙げるのはどうしてでしょう。キリスト教徒でも、ヨーロッパ人でもないのに。

みんなと違うことをするのが嫌い、世の中の流れにとらわれやすく、影響されやすくコロコロ変わる。いい意味で、フレキシブルなアイデンティティです。日本人は宗教のモノマネがお上手です。

まだ三、四回ですが、朝の通勤ラッシュを体験しました。「過労死」などという言葉も知りました。家族があるから頑張るのだと言っても、死んでしまったら家族は崩壊します。重ねて言わせてもらいますが、家族を大事にしてください。

気になることがもうひとつ。日本人に将来の見通しについて尋ねると、たいてい「これからはもうダメ」と返ってきます。日本はこんなに豊かなのに、消極的になって不満ばかり口にしています。今までのいい経験に基づいてプラスに物事を捉えてみてください。私の周りにはマイナス思考の持ち主が多いので、余計にそう思います。

ウズベキスタンではあまり豊富に物が買えない、でもみんな満足しています。

私は現在、就職活動中です。金融、商社のマーケティング、コンサルタントの部門を志望しています。日本で働きながらいろいろな勉強をした後で、ウズベキスタンと日本の懸け橋となってお互いに何ができるのかを考えながら、グローバルな会社を経営したいです。

結婚を早いうちにしたいと思っています。自分の将来の方向性がはっきり見えてくるからです。優しくて信頼できる、頭のやわらかい人であれば、パートナーの国籍は問いません。（二〇〇八年一二月、取材）

日本語を教える先生と日本文化を学ぶ生徒の二役をこなす

チャンドラセカラン・ガヤトリさん［インド］

二〇〇八年八月、二一歳でインドのチェンナイから日本語の教授法を勉強するために来日。神奈川県内の二つの高校で、先生として教授法の実践をし、生徒として日本の文化や古典などの授業を受ける。インタビュー時は、滞日六か月目。

スピーチ大会の日本語部門で優勝

インドのムンバイで一九八七年に生まれ、現在はチェンナイに住んでいます。去年、大学を出た後、インドの日本語センターでインド文社に来る日本企業の社員などの通訳やガイドをしています。神奈川県の海外技術者研修員受け入れ事業に、このセンターが私を推薦してくれました。

もともと大学で商業を専攻していました。インドには三菱や日産など、日本の企業が数多くあります。これからインドと日本のあいだで、人の行き来がさらに盛んになるなら、商業に加えて日本語を勉強して、よい仕事を見つけようと考えました。五年ほど前から勉強を始めています。

日本語能力試験の三級まではインド人の教師に習いました。二級は一〇年くらいインドに住んでいる日本人の先生がいて、その人から教わりました。週一回、朝八時半から夕方四時までみっちりと。二年間その調子で続けました。当時、日本語センターで開催されていた高校生・大学生によるスピーチの大会に、タミール語と英語に加えて日本語の部門があったので、それに出場するのが目標でした。三年前の大会で、初めて日本語部門に出場しました。「インドの料理について」というテーマを、日本語でスピーチして優勝することができました。タミール語部門で優勝した親友とふたりで、抱き合って大喜びしてしまいました。

授業中に学生が何をしていてもいいなんて!

二〇〇八年八月に初めて日本に来ました。宿舎は横浜市の二俣川にある神奈川県国際研修センターです。そこから週五日、電車で四〇分くらいかけて市内にある二つの県立高校に通っています。片方は乗り換えがないので楽に通えるのですが、もう一つの高校は二俣川駅から相鉄線で横浜へ出て東急東横線に乗り換えなくてはなりません。インドには電車が一つしかなく、乗り換えというものがなかったので、研修先が決まったとき、横浜駅は大きいし、途中で迷わないか心配でした。だから、学校に通う一か月前から乗り換えの練習をしました。その成果があって、すぐに慣れました。

インドの電車は一挙にたくさんの人が乗り込むので、日本で大勢の人がいても恐怖感はありません。ですから朝のラッシュは平気なのですが、インドと違って電車のドアが閉まるので圧迫感があります。人に押されながら一本足でずっと立っていなくてはならないときは困ります。インドの電車は暑いのでドアがありません。それに、あまり速くないので男の人だと動いている電車に飛び乗ったりするのです。

日本に来てからは毎日、夜に翌朝のご飯と昼のお弁当を作ります。私はベジタリアンなので、食事はセンターの食堂を使って自分で作っています。今までひとりで暮らす機会がなく、母の手伝いをするくらいで、料理はほとんどしたことがなかったので大変でした。

朝は六時に起きます。八時半に学校で打ち合わせをして、九時から授業が始まります。先生として、留学生や外国人の学生に日本語を教えています。それで古典などの授業の時間は生徒になっていっしょに勉強します。覚えるのは大変ですが、漢字は面白くて、書き方と読み方がいろいろあるのが難しいところです。

先生と生徒の二役ですから、先生としての業務のほかに生徒としての宿題もあって、寝るのはいつも真夜中になります。週末になると疲労で倒れてしまいそうです。土・日は、高校生のための英語力強化キャンプのゲストに呼ばれて、英語でインドの文化や歴史などについての紹介をしています。

私が通う高校の先生はプランや予定を立てて、授業をもっと良くしようと、いつも工夫をしています。仕事に対する姿勢がとても真面目です。私も先生になるときは、充分に準備をして臨むようにしています。授業の始めに「ちゃんと聞いてください」と学生に言います。日本では先生が話しているときに、学生が聞いていなくても、寝ていても、化粧をしていても自由だというわけか、男の先生も女の先生も何も注意をしません。すごいカルチャーショックでした。真面目に準備をして授業に臨んでいる先生が気の毒です。インドでは授業を受ける生徒は、質問はもちろんＯＫですが、おしゃべりをしてはいけません。寝たりしたら病気かもしれないと、心配されちゃいます。先生と生徒の上下関係がしっかりしています。それでも授業の後は、友達みたいに自由に話します。

日本のすてきなところは、相撲や桜やお寿司もいいですが、先日、日本人が集まる催しで出会ったきもの姿がすごくきれいでした。和太鼓の演奏もとてもよかった。ソニーのビデオとかキャノンのデジカメとか、製品のテクノロジーもすばらしい。私は観光で日本各地へ行きましたが、日光や鎌倉の秋の紅葉はじつに美しいものでした。北海道は雪が多くてきれいな白銀の世界でした。どれもインドにはないものばかりです。

時間をちゃんと守る日本の人達。みんな優しくて、日本人の友達もできました。日本と日本語が好きです。最近は大阪の言葉で「なんでやねん」とか「ほんま」とかを覚えました。

インドに帰ったら、日本と、日本語に関係のある会社で働きながら、インドの人に日本語を教えたいです。日本とインドの関係を強くする仕事をしたいと思います。（二〇〇九年一月、取材）

内戦で傷ついたアンコールワットの発掘・保存を

セン・チャンタさん［カンボジア王国］

取材時二八歳。カンボジアでアンコールワットの文化財発掘と保存の仕事に携わる。二〇〇八年八月、三次元システムスキャナーや文化遺産管理技術の勉強をするために来日。上智大学アジア人材養成研究センターと湘南工科大学で研修を受けている。滞日七か月。

遺跡発掘・修復・保存のための技術を学びたい

カンボジアの大学で考古学を学びました。卒業後は「アプサラ機構」に勤めています。

アンコール遺跡には、たくさんのアプサラ（天女）の像が刻まれています。その名をとったこの機構は、さまざまな国の協力を得ながらアンコール地域の遺跡保存を担っているカンボジアの政府機関で、アンコールワットの遺跡発掘やその保存などに取り組んでいます。日本の上智大学アジア人材養成センターとのあいだに、アンコール地域における文化事業に関して連携・協力関係がありました。その縁で、二〇〇八年度の神奈川県海外技術研修員受け入れ事業に推薦され、日本へ来ることになりました。遺跡の発掘・修復・保存に必要な最先端技術の学習が目的です。二〇〇九年三月までの七か月間、研修先は上智大学と湘南工科大学です。

横浜市旭区の二俣川にある神奈川県国際研修センターが宿舎です。来日してすぐ神奈川県庁へ行き知事に挨拶をしました。日本語研修が三週間あって、一〇月から専門研修が始まりました。

月曜日から金曜日まで、朝は六時半頃に宿舎を出て、二つの大学に通います。寝るのは毎日一一時半くらいです。週末は総合防災センターや資源循環局など地元の公共施設の見学や横浜の市内観光、宿舎に生活している各国の研修生・留学生達との文化交流プログラムといったスケジュールが組まれています。交流会で私は、アンコール遺跡の修復や発掘の現状についてプロジェクターを使ってプレゼンをしました。

遺跡の発掘や保存はつねに神経を使う仕事なので、カンボジアでは休み時間に屋外でバドミントンをして汗を流し、気分転換をしていましたが、今は毎日とても忙しいのでなかなかそういう時間が取れません。

アジアへの相互理解の促進と平和のために

文化財として保存されている歴史的な建築に関心があります。新年には鎌倉の鶴岡八幡宮へ初詣に行きました。京都、奈良、大阪にある日本のすばらしい仏教建築も見物しました。

二月の週末には「江ノ島アジア映画祭二〇〇九」に誘われ、江ノ島にある県立かながわ女性センターに出かけてきました。これは、日本中からさまざまな後援や協力を得て開かれた母国カンボジアのためのチャリティイベントでした。アジアへの相互理解の促進と、平和への貢献を目的とした国際交流の催しです。

会場入口フロアの売店では、日本に住むインドシナ難民子ども会の人達が作ったカンボジアの絹織物（絣模様）のポシェットや小物入れ、バッグやスカーフや洋服が販売されていました。料理では、アプサラ（香草入り野菜たっぷりの辛口カレー麺）がふるまわれ、ココナッツミルクやツバメの巣のドリンク、レモングラスティーもありました。

映画の上映も行われました。カンボジアでは、二〇年以上にわたる内戦によって多くのものが失われてしまいました。そんな祖国カンボジアの悲劇を訴え続けている監督によるドキュメンタリー映画の上映の後、カンボジアの現状に関して国を超えた理解を広めようと講演があり、最後は難民子ども会の人達によって、カンボジア民族舞踊と民族歌謡が披露されました。そのときには、私も結婚式のときに着る伝統的な衣装を身につけてステージに上がり、出演者のみなさんといっしょに歌って踊りました。日本のみなさんの温かい支援に心から感謝する一日となりました。

アンコール遺跡の発掘・保存の仕事を続ける

高校のときに、日本について少し習ったことがあります。日本は経済大国であり、カンボジアにはホンダのモーターバイクや自動車が普及しているほか、カメラや中古の自転車など日本の製品がたくさんあります。どれも好評です。

日本に来たばかりの頃、毎朝大学に通う駅や道を、とてもせわしなく速足で歩く人が多いのに驚きました。あれだけは時間が経ってもなかなか理解することのできない光景です。

こちらへ来て出会った日本人はみな優しくて、親しみをこめて丁寧に接してくれます。

私はカンボジアで日本の人達といっしょに仕事をしているので、日本語を習得する必要があります。来日してすぐの研修で、日本の人から教えてもらう機会を得ましたが、漢字も発音もとても難しい、なんとか覚えて帰りたいと思っています。

私が修復に携わるアンコール遺跡は、現在のシェムリアップ近郊に九〜一三世紀にかけて築かれた王宮や寺院群です。内戦によって遺跡もまた銃弾で傷つき、荒れ果ててしまいました。修復するためのお金と技術を必要としています。現在、世界の国々から支援と協力をしてもらっています。今後は、母国の「アプサラ機構」に戻り、日本で学んだことを活かして、国の象徴とも言える遺跡の発掘と、保存の仕事を続けていきたいと思っています。（二〇〇九年一月、取材）

マングローブの生態を知るほどに、その働きの大切さを実感

トゥトゥ・アウンさん［ミャンマー連邦共和国］

一九七七年生まれ。ミャンマーで林業について学び、政府の森林局に勤務する。横浜国立大学大学院の環境情報学部地球環境コースに在籍（二〇〇九年現在）。母国のため、世界のために、環境に優しい木、マングローブの研究に取り組む。滞日二年目。

共に生きてきた世界のマングローブを護りたい

ミャンマーの林業大学を卒業後、政府のMOECAF（環境保全・林業省）所管の森林局に勤めました。二〇〇五年、沖縄の琉球大学に本部を持つISME（国際マングローブ生態系協会）とJICA（国際協力機構）とが、世界のマングローブを保護する目的で世界各国から参加者を募り、三か月の研修を主催しました。それに参加するために、初めて日本へ来ました。沖縄の西表島で実地調査を行い、東北大学、琉球大学、横浜国立大学でマングローブの研究をする教授の講義を受けました。

研修を終えて帰国した後の二〇〇七年に試験を受け、日本の文部科学省から奨学金をもらって再び

日本に来ました。私が所属する森林局のほかに、ミャンマーからは農林、教育、海洋、工学、貿易などについて学ぶために、毎年二〇人が来日し、留学生の大部分は日本各地の国立大学で勉強します。私は横浜国立大学大学院で学び、今年、修士課程を終えました。秋から博士課程に進む予定です。

マングローブは根元まで海水に浸かるような、海の内湾や河口付近の潮の干満の影響を受ける場所にだけ生育する熱帯植物です。西表島では、日本にあるすべての種類のマングローブを見ることができます。マングローブは根に特徴があり、地中を横に這うように伸びる根があり、板のような形で幹を支える根もあります。その根はマングローブを支え、土中から水分や栄養分を吸収するばかりでなく、根そのものが呼吸をするものもあります。マングローブは葉で呼吸すると同時に、泥の上や海面に出た根でも呼吸をしているのです。そのため、森林にある他のどんな樹木よりもたくさんの二酸化炭素を吸収し、酸素を排出してくれる、私達の環境にとって大切な樹木です。

二〇〇八年、サイクロンが私の国、ミャンマーを襲いました。私はその頃、ミャンマーにある小さな島を対象にした植物調査などの生態学的な研究に取り掛かろうとしていました。ところがサイクロンのために調査地が流されてしまい、研究が続けられなくなっていました。ミャンマー全土が、このときのサイクロンによって大変な被害を受けています。サイクロンがミャンマーまで来ることはこれまでになく、サイクロンの影響についての調査はほとんど行われていませんでした。ならばいっそのこと、自分で調べてみようと思い、調査をするうちにマングローブ林のある海岸や河口地域ではサイクロンの被害が少なく、助かる人が多かったことが明らかになりました。

「マングローブ林の中にいたので大きな波は来なかった」、「マングローブの木につかまることができたので流されずにすんだ」サイクロン被害について尋ねると、彼らはそのように答えてくれました。

開発で失われたマングローブを取り戻そう

ミャンマーの沿岸に住む人々は、長いあいだマングローブとともに生活してきました。マングローブの林では、エビやカニ、さまざまな魚や貝類が育ちます。彼らはそれを食料とします。マングローブの枝はたき木として燃料となり、幹から家屋や家具も作ることができます。

ところが一五年くらい前から、ヤンゴンにいるミャンマー人の金持ちの人達や外資系の企業が、沿岸に暮らす人々を土地から追い出し、マングローブを伐採し、エビを違法に養殖して金儲けをするようになりました。政府の取り締まりが厳しくなったので、今ではだいぶ少なくなりましたが、スタッフ不足のため、船での見回りがなかなか徹底しません。

こうした例からも明らかなように、マングローブ林はそのままではあまり役に立たない場所とみなされて、世界中で開発によって急速に破壊され、壊滅の窮地に立たされています。アジアのどこでも、マングローブの林はだいたい同じ問題に直面しています。

ミャンマーでは一四年前から、森林局がマングローブの植林地を定め、稲田用、エビ池用、燃料用の森を作る計画を立て、実施しています。失われたマングローブ林の再生をめざしています。デルタ地帯や海岸部にマングローブの林を形成して、その中で農業を営む試みがなされています。

働き者の日本人は自然の調査・研究の友でもある

現在、横浜市国際学生会館に住み、学校では研究室のみなさんが親切にしてくれるので、困ったことは何もありません。感謝しています。休日には妻と買い物をしたり、ミャンマー人や日本人の友達と会ったり、会館が主催する交流会に参加したりしています。

日本の人達はみな、とても働き者です。ふつうは一日調査をしたなら夜は休みたいものですが、夜でも彼らは調査を続けていました。西表島での実地調査には日本人の女性も参加していて、柔らかい泥に膝まで埋まるような場所とか、四方八方にマングローブの根が広がる歩きにくい所でも、僕らと共に調査をしていました。静かで優しいとだけ思っていた日本の女性の印象が一変しました。

博士課程にいるあいだに、サイクロンで被害を受けたミャンマーのマングローブを三年くらいかけて継続的に調査し、その結果を論文として提出するつもりです。博士号を取得後はミャンマーに戻って、マングローブの保護と保存、人間の生活環境との共存をめざして働きたいと考えています。

（二〇〇九年五月、取材）

日本での学びと体験を、夫と娘が待つ国で仕事に活かそう

タトゥア・ベアトリス・ワングイさん［ケニア共和国］

一九七六年、首都ナイロビに生まれる。来日前はケニアの税務を担うケニア歳入庁に勤務。二〇〇九年現在、横浜国立大学の国際社会科学研究科大学院で日本の課税制度と社会政策について学んでいる。滞日一年三か月。

日本で暮らして困ったことはありません

ケニアで公務員として勤めて五年ほどたった頃、外国で勉強をしてみたいと思うようになりました。私の専攻は税務に関することなのですが、その分野の奨学金が日本以外ではほとんど得られないことがわかり、留学先を日本に決めました。ケニアでは日本語にふれる機会はありませんでしたが、いくつかの日本の建設会社やトヨタ、ソニー、いすゞは知っていました。それと新聞で京都議定書を読んだことがあります。科学技術の進歩についても、すばらしい国だなという印象をいだいていました。

二〇〇八年の四月に初めて日本に来ました。現在は、文部科学省と世界銀行から奨学金をもらって

研究に励んでいます。二〇〇九年の四月まで、横浜国立大学のすぐ近くにある峰沢寮に住んでいましたが、そこから鶴見区にある横浜市国際学生会館に移りました。同じ寮で暮らしていたフィリピンの友人もいっしょに入居できたので心強いです。

日本のみなさんはとても親切で優しいので、生活していて困ったことは今のところ何もありません。声をかけて尋ねると、ほとんどの方が優しく教えてくれるので、道に迷ったこともありません。

毎日の生活では英語を使用しています。大学のオフィスや学生会館でしか日本語を使う機会はないのですが、「すみません」とか「おはようございます」、それに「こんばんは」と「ありがとうございます」はよく使うので覚えました。月曜から金曜日までは朝早くから夜まで、たくさんの課題や自習に追われてすごしています。

旅行が好きなので、休みの日は友達といっしょに出かけます。横浜では、みなとみらいや中華街に行きました。鎌倉にも行き、大きなお寺と大仏を見ました。大仏って本当に大きくて驚きました。たくさんのお寺があるという京都にも、ぜひ行ってみたいです。二か月ほど前には、上野で桜を見物しました。花見という習慣はケニアにはないので、新鮮な体験でした。その日は浅草まで足を延ばし、浅草寺や雷門を歩きました。

去年の一一月末には、アジアからの留学生仲間一三人で北海道に行きました。釧路、阿寒湖、知床、網走をめぐる三泊四日の旅行です。そして今年の三月、長野県にあるスキー場で、生まれて初めてスキーをしました。何よりも忘れがたい体験です。

ケニアに雪は降りませんが、標高五〇〇〇メートルを超えるケニア山やキリマンジャロの山頂に雪がかかっているのが見えます。だから雪が白いということは知っていたのですが、その雪を目の前で見たのも手で触れたのも、もちろんスキーで滑ったのも初めてでした。雪の感触は忘れられません。もっと寒いのだろうと想像していたのですが、あまり寒さを感じなかったのが意外でした。

結婚後も、女性が仕事を続けるのは普通のこと

ケニアで夫と娘が私の帰りを待っています。娘は今年で七歳です。ケニアでの私は、朝五時に起きて六時半には家を出ていました。娘を保育園に連れて行き、それから仕事に向かいます。そして夕方に仕事を終えて娘を迎えに行き、いっしょに帰宅する、そんな生活をしていました。私ばかりがそうしていたわけではなく、送り迎えをはじめとしたいろいろな家事は夫と同等に分担しながらお互いの仕事を続けてきました。ケニアでは女性が結婚後も働いているのは普通のことです。男女平等というのもあたりまえと考えられています。

日本からケニアへは飛行機で二六時間もかかります。とても遠いです。いつも夫と娘の写真を持ち歩いています。長く会えていませんが、パソコンと電話で連絡を取り合っています。理解ある夫に感謝しています。

ケニアは国土の中央部を赤道が横切っています。赤道直下の国というわけですが、それでも首都のナイロビは海抜が高いので、一年中日本の春や秋のような気候です。

ケニア全体には、およそ四〇の民族が暮らしています。公用語はスワヒリ語と英語で、他にも民族ごとに異なるさまざまな言語があります。そして、それぞれの民族による多種多様な歌や踊りの文化があります。ケニア人は陸上競技に秀でていて、マラソンで世界記録を出した選手や、オリンピックでメダルを獲得した選手がたくさんいます。

ケニアのある東アフリカの周辺は、人類が誕生した地とされ、自然保護区や国立公園が設けられ、雄大な自然を観光の資源としています。「サファリ」という言葉がありますが、スワヒリ語で「旅」を意味します。ケニアを旅する機会がありましたら、ドライブサファリ、ウォーキングサファリ、それに気球でめぐるバルーンサファリで野生動物の自然の姿をぜひご覧ください。マサイ・マラ国立公園がおすすめです。

留学の期間を終えてケニアの職場に戻り、日本で研究したことを仕事に繋げたいと思います。ケニアでは「ひとりっ子」と言うと珍しがられるので、子どもがもうひとりかふたりはほしいです。そうなると、仕事に育児にと忙しい生活になりそうですが、これからも夫と協力しながら頑張っていこうと思います。（二〇〇九年六月、取材）

ブラジル日本移民一〇〇周年目の日本留学

コギシ・アンドレ・ミツオさん［ブラジル連邦共和国］

一九七六年、サンパウロ市に生まれる。サンパウロ大学卒業後、地元でインターンシップとして船舶の研究をしていた。二〇〇五年、横浜国立大学に入学。二〇〇九年現在は大学院博士課程二年生。海空制御システムについて研究し、滞日五年。

ブラジル生まれ、ブラジル育ちの日系二世の初来日

二〇〇八年はブラジル日本移民一〇〇周年でした。僕の祖父母、両親ともに日本からの移民です。僕には純粋の日本人の血が流れていて、ブラジルで生まれ育った日系二世です。両親は日本語が話せないので普段の生活はポルトガル語です。祖父母と両親のルーツがある日本に来ることが念願でした。

僕が卒業したサンパウロ大学は、日本の横浜国立大学と提携関係がありました。それで教授に推薦状を出してもらい、日本の文部科学省からの奨学金を得て日本へ来ることができました。

来日したのは四年前のことです。サンパウロからカナダ経由で成田まで二八時間かかりました。空

港から横浜駅東口までリムジンバスに乗り、そこから保土ヶ谷にある大学近くの峰沢寮まで何とかたどり着きました。その間ずっとひとりきりで、おまけに漢字が読めなかったので迷わないかと心配でした。事前に日本の住まいはまるでウサギ小屋だと聞いていたので覚悟はしていたのですが、大学の寮は想像以上に狭くてびっくりしました。

横浜国立大学では論文やプレゼンはすべて英語で行います。ただ、教授と生徒の質問のやりとりや、友達との会話はすべて日本語です。実家で祖父が話す日本語を聞く機会があって耳が慣れていたから聞き取るのは容易だったのですが、自分から話すのは難しくて、今も日常生活の中で学んでいます。

ブラジルでは、男性でも夜は危ないので出歩きません。日本でも来たばかりの頃は、遅くなる場合には車で移動していました。でも暮らしているうちに日本の治安の良さがわかってきて、夜でも安心して歩けるようになりました。あるとき、午前一時過ぎになり地下鉄の終電を逃してしまったことがあって、初めて横浜駅から五〇分くらい歩いて寮まで帰ったのですが、そんな深夜でも道は明るくて、車がたくさん走っていました。

二年半住んだ後に、峰沢寮から横浜市南区の弘明寺へ引っ越しました。引っ越してすぐのとある週末の夕方、近所で今まで見たことのない鳥を目撃しました。真っ黒くて、形も大きく、不気味な鳴き方をする鳥でした。すごく怖かったのですが、日本の街にはありふれた鳥だそうで、驚きでした。サンパウロにはカラスはいませんでした。ともかくそんな弘明寺に一年間住んで、今年の四月に鶴見区の横浜市国際学生会館に移ってきました。

今は毎朝七時に起きて、片道一時間のところを自転車で通学しています。それで一八時か一九時頃まで研究室にいます。二〇一〇年九月の卒業に向けて、研究に没頭しています。ブラジルに帰国した後は、船舶関係の研究所への就職を考えています。

ブラジルと日本、食材や交通や挨拶の違いも面白い!

休みの日は横浜のヨドバシカメラに行ったり、スーパーで食材を見て回ったりしています。料理が好きなので、日本のスーパーは楽しい空間です。

朝食は時間がないのでパンですませてしまうのですが、時間があるときはお弁当を作って学校に持っていきます。飲酒もしますが、ビールより甘い梅酒を好みます。赤ワインや焼酎も、日本で覚えて飲めるようになりました。

そういえば飲食店のサービスは、日本とブラジルでちょっと違います。日本では店員が「お店で召し上がりますか、それともお持ち帰りですか」と聞いてくれます。ブラジルでは店内で食べるのがあたりまえなので、テイクアウトの場合は自分から伝える必要があります。

ブラジルで母が手巻きやちらしのお寿司とか、赤飯など日本の料理をよく作ってくれていました。海苔やかんぴょう、米、味噌、醤油はブラジルでも入手できます。日本で食べてみて、ブラジルのゴーヤは苦味が強く、納豆は日本のよりも癖があるし、たくあんも匂いが強いことに気がつきました。ブラジルのお米は細長いのですが、日本のお米の味と違いを感じません。

滞在中に、友達と日本の各地を観光しました。日本に来て初めての冬に出かけた札幌の雪祭りがいちばん印象に残っています。雪の量もすごいし、大きな雪の建物を造る様子や、何よりとても寒かったことを今でもはっきりと覚えています。それと、日本に来て時刻表というものを初めて見ました。バスは待たされたとしても三〇分、普通は一五分もすれば来ますし、サッカーの試合やライブなどのイベントがあるときは臨時列車がどんどん出るので、交通に不便を感じたことはありません。

日本には人が多いというのは、来る前からわかっていましたが、とりわけ朝の駅で実感します。ホームに入ってくる電車は車両がいくつも連結されていて、どの車両にも人がぎっしり。満員電車に乗り合わせるときなどに不思議に感じてしまうのが、日本の人が車内で誰とも言葉を交わさないことです。この点で、ブラジルの日系人と日本人とは違っていると思います。サンパウロでは、「今日は大変ね」とか「今日はいい天気ね」などと、お互いに知らない者同士でも声を掛け合います。みんな明るくて開けっぴろげなので、どの場所でも並んでいると話しかけられます。僕にもそういう習慣は身についていたので、親しい大学の級友とはハグやキス、握手をいつもしていました。日本人に同じようにすると驚かれてしまうので困ります。あれは親愛のしるしなのですが。（二〇〇九年九月、取材）

医療現場でのケアサービスの方法を知りたい

サティドゥサート・ビジットゥラさん［タイ王国］

一九七七年生まれ。来日前はバンコク国際病院で看護師を務めていた。二〇〇九年現在、神奈川県海外技術研修員として横浜市旭区にある県立がんセンターで看護技術を学んでいる。滞日四か月。

日本に来るきっかけとなった出会い

私が三歳のときに母が子宮がんの手術をしました。母はその後も病気がちで、手術や治療を繰り返す日々だったのですが、今ではすっかり元気になりました。幼少の頃からそんな母の世話をしているうちに、人の世話をすることが好きになり、一二歳のとき、看護師になろうと決心しました。

看護の道に進み、バンコクにある国際病院で外科、内科、精神科など、大人がかかるあらゆる分野の病気の治療に携わりました。最近では、友人からのプレゼント、または自分へのプレゼントとして、ちょっとしたリフレッシュや旅行感覚でダイエットや美容整形をするために病院を訪れるという人も増えています。治療費が安く、それでいて技術が高いという点が人気を呼ぶらしく、アジアやヨーロッパの各国からやってきます。

バンコク国際病院には、日本人専用やアラブ人専用のクリニックがあります。そこでは伝統や習慣、文化や思想、それに食べ物が異なる患者のみなさんの多様なニーズに対応できるよう、献身的かつ高度な国際性が求められました。そこでたくさんの患者さんとの出会いがあったのですが、なかでも印象に残った日本人の方がいました。

エイズに感染したと悩み、入院してきた三五歳の女性です。カンボジアへの旅行中の出会いや恋の楽しみから一転、そのようなことになってしまい、大きなショックを受けていました。入院当初は心を開かず、誰とも話さず、食欲もありませんでした。言葉の壁を乗り越えて、その患者さんの心の痛みを分かち合いたい、そうした念願のために試行錯誤する日々を送りました。

専用クリニックで日本人の患者さんたちと関わりを持つうち、日本の医療現場ではどのようなケアサービスが行われているのだろうか興味が湧きました。それで、日本での技術研修のための試験を受けて合格し、日本へ来ることとなりました。

スマイルこそがケアに欠かせないと知る

二〇〇九年八月に初めて日本に来ました。横浜市旭区の二俣川にある国際研修センターに住んでいます。はじめ女性は私ひとりで、あとは男性ばかりでしたが、最近エクアドルから来た女性がひとり加わりました。それぞれのための個室はもちろんありますが、キッチンは共同で、自炊する生活を送っています。研修中心の充実した毎日です。

でも一度、とても悲しい日がありました。先月の二二日のことでした。私の誕生日だったのです。タイでは誕生日を迎えると早朝から家族といっしょにお寺へ行って、家族みんなの幸せと健康をお祈りしたり、托鉢のお坊さんに寄進を行ったりしていました。家では母が私の好きなものをいっぱい作ってくれて、家族みんなが集まってにぎやかに食事をしていました。それが今年は、家族といっしょにいられないひとりぼっちの誕生日になってしまったのです。淋しさと悲しさに襲われて、ホームシックになってしまいました。

研修先は住まいから歩いて五分のところにある県立がんセンターです。毎日八時半から一七時一五分まで看護技術を学んでいます。毎朝六時半に起きて、タイ料理のお弁当を作ります。それでそのお弁当を日本人の研修スタッフと分け合って食べます。食事しながら料理の作り方を教えたりして、会話が弾みにぎやかにすごしています。

研修の内容は各種外来、病棟、無菌病棟、緩和ケア病棟、臨床研究所、手術室、医療安全室、医療安全支援室等の見学や安全会議、教育会議、看護基準会議、がん学会などへの出席があり、スケジュールはぎっしりと埋まっています。

終末医療の緩和ケア病棟で病院行事のクリスマス・フェスティバルに参加しました。市民ボランティアのみなさんが、お花をたくさん持ち寄って患者さんといっしょに歌って楽しんでいる姿を見て、ごくあたりまえのことですが、「笑顔はケアに欠かせない」ということを実感しました。

日本についてですが、まず何より伝統を大切にしている国だと思います。みなさん時間に厳しく、仕事に対する姿勢が着実で厳格です。ただし、これはあくまでも見た目からのイメージですが、働き過ぎで毎日の生活を楽しんでいないように見えます。

私のまわりの日本の人達は、親切な方ばかりです。言葉の壁があるときも、英語や、絵や図やボディランゲージを交えて優しくコミニュケーションしてくれます。

日本では医者と看護師が会議を毎朝開いていて、話し合いを頻繁に行っています。とてもいいと思います。タイではミーティングはときどきしかありません。それでいてケアする患者さんの担当数も多くて、勤務時間は三交代の八時間だったのが一二時間、一六時間と延びていき、それが常態化してしまって大変にきつい状況に陥っています。こうした事態の改善のためには、こまめな話し合いを行わなくてはならないと感じます。私の国のケアサービス発展のヒントになる、とても良い研修に参加することができて感謝しています。

今こうして日本で得ている知見や経験を、タイに帰ってスタッフ達と分かち合いたいと思います。

（二〇〇九年一二月、取材）

自然保護のため、環境学を学ぶ

ドゥルセ・マリア・セラヤ菊池さん［ニカラグア共和国］

一九六五年生まれ。ニカラグアの大学卒業後に日本へ留学、北海道大学農学部森林学科で学ぶ。その後日本人と結婚。四人家族。週四回スペイン語の先生をしている。滞日二一年。

未知の国だが、環境学について学ぼうと日本行きを決める

ニカラグアの大学で環境学と生態学を専攻していました。私は九人兄弟の七番目、兄弟はみな留学をしていました。私も大学を卒業後は留学をするのだろう、行き先はカナダかブラジルか、それともヨーロッパのどこかだろうと漠然と考えていました。大学から日本を推薦されたときは驚いてしまって、すぐには返事ができませんでした。

当時、日本についての知識は、第二次世界大戦で広島と長崎に原爆を落とされた国であること、先進国で工業国であることくらいでした。ニカラグアには国産車がなくて、道路を走っているのはトヨタの車ばかりでした。近隣のパナマやメキシコに工場があるので、誰もがトヨタを知っていました。子どもの頃には、日本のアニメや漫画に親しむ機会もありました。『アルプスの少女ハイジ』や『ドラゴンボール』、『ドラえもん』、『ウルトラマン』、『鉄腕アトム』などです。あとは『おしん』とか『将軍』といったドラマも観ていました。とはいえ、日本については言葉も文化も異なる未知の国という印象で、留学先としては正直、想定外でした。それでも自分の専門である環境学に力を入れている国だったので、日本留学は自分にとってよい経験になるのではないかと決心しました。一九八八年四月、日本の文部省（現・文部科学省）の国費留学生として北海道大学農学部森林学科に入学しました。

日本語が私の課題でした。授業は英語かスペイン語でしたが、参考資料や論文は日本語が主です。資料や論文は一つでも読めない字があると理解できません。とくに漢字には苦労しました。辞書を引こうと漢字の画数を調べても、画数の数え方が正確でないといつまでも見つかりません。友達にも頼りましたが、大半は独学で覚えなければなりませんでした。当時は一日の半分を日本語の勉強に費やしていて、「自分は研究をしに来たのか日本語の勉強をしに来たのか」と不安になることもありました。それでもどうにか半年で言葉の壁を克服し、その後は、北海道内や和歌山県にある演習林にサンプルを採りに行き、研究室に戻って分析や実験を続ける日々を送りました。

研究以外の思い出では、日本人の友達から箸の持ち方を教えてもらったことを覚えています。最初はぜんぜんダメでしたが、お皿にのった小豆をつまんで一粒ずつ違う皿に移したりして、ようやく箸を使えるようになったときの達成感は忘れられません。

北海道ですごして、日本の四季、とくに冬が新鮮でした。ニカラグアは年平均気温が三〇度で、少しだけ気温の下がる雨季と連日四〇度を超える乾季を繰り返す一年でしたから、もちろん冬物なんて持っていなかったし、マイナス五度の日の風の冷たさとか、雪景色とか、何もかもが初めての体験でした。

まだ日本語が話せなかった頃、一泊二日や二泊三日でのホームステイを体験しました。私の父はいわゆる亭主関白で、家のことなど何もしません。なぜか私は、そのことを「母が甘やかすから」と思っていました。ところがこのホームステイ時に、日本人の場合も私の父と変わらないのだと思うことがありました。私の理想像とは違うし、私は日本人とは結婚しないだろうと思いました。それなのに私は結局、日本人と結婚したのです。わからないものです。

留学当時、札幌ＪＩＣＡ主催で外国人のためのイベントが盛んでした。企画に携わる日本人から誘われて、私はあらゆるイベントに参加していました。その一つで、夫と出会いました。彼は青年海外協力隊としてニカラグアの隣国ホンジュラスで生活したことがあり、スペイン語が堪能で、ニカラグアの文化のことも理解し合うことができました。九一年に、私たちはニカラグアで挙式をして、二人で日本に戻りました。

子育てを通じてできた友人が心の支え

日本で犯罪や事件が起こると、「ああ、また外国人の仕業だろう」などと、日本人のつぶやきが聞こえてきます。自分もその「外国人」だと思うと不愉快になります。「外国人だから」とすべていっしょにしないでください。

早朝などに、自治体が地域の清掃をしているのは良いことです。ただし参加しているのはいつも高齢世代の人達ばかり。家族みんなが暮らす場所なのだから、いっしょにきれいにしましょうと若い世代に呼びかけるべきだと思います。若者の意識が低いのは、大人に問題があります。

ニカラグアは日本と違って貧乏な国ですが、人々はいつも陽気で街中に笑顔があふれています。森林や平原、高原、火山や湖など自然が豊かです。ニカラグア湖ではカヤックを楽しむことができます。セロネグロという火山では、降り積もった火山灰の上をスノーボードで滑り降りることができます。治安も良く、中米で最も安全な所です。

私は今、週四日、七つの教室でスペイン語を教えています。私には子どもがふたりいますが、どちらも思春期を迎えていて難しい年頃です。日本での子育てを通じてできた友人とのコミュニケーションが心の支えとなっています。二年前、私が病気をしてニカラグアへ帰ったとき、看病してくれた両親は今ふたりきりで暮らしています。できれば近くにいてあげたいと思うのですが。

ニカラグアでも自然破壊が進んでいます。自然の保護と利用とのバランスが課題だと考えます。こうした問題に母国で取り組みたいという願いも持っています。（二〇一〇年二月、取材）

和を大切にする気づかいと、「一期一会」という言葉を知る

ラザフィンラベ・バムさん［マダガスカル共和国］

一九七一年生まれ。二〇〇〇年に来日、大阪外国語大学で日本語を学んだ。愛媛大学大学院を卒業後、京都大学を経て、二〇〇九年から横浜国立大学の環境情報研究員を務めている。インタビュー時、滞日一〇年。

環境情報研究員として、国の重要課題に向き合う

私はもともとマダガスカルの大学で経済学を学んでいたのですが、二年生のときに農学部に転籍しました。その当時は、環境問題がマダガスカルの学生達にとって流行の分野となっていて、私もその流行に乗ったというわけです。農学部を五年かけて卒業した後、さらに二年間かけて働きながら修士課程を終えました。

マダガスカルでは近年人口が増え、そのために燃料不足に陥り、薪を求めて樹木の伐採が横行し、また食糧増産のための耕地開拓が原因で森林が荒れています。焼き畑のような慣習が引き金となって

起こる山火事の被害なども合わせて、年間で一〇ヘクタールもの森林が失われていました。動植物の宝庫と言われた豊かな自然が破壊されつつあり、国の重要課題となっていました。日本は国土の六八％が森林であるという話を聞いて、ずっと憧れをいだいていました。どのように森林の保護や保全を行っているのだろうと、日本への留学を希望しました。日本については、映画で見た古い時代の姿しか知りませんでした。

私が挑んだのは、マダガスカルで年間ひとりだけしか留学できないという難関試験でした。それを突破することができ、マダガスカルの日本大使館や大学の先生からの推薦も得て、二〇〇〇年に来日を果たすことができました。

日本に来て始めの六か月間は、大阪外国語大学でみっちり日本語を勉強しました。そこで五〇もの国の人達と触れ合うことができました。日本に来たおかげで、いろんな人達とその世界を知ることができました。日本語に関しては、ひらがなとカタカナは形を覚えるだけでよいので二日でクリアできたのですが、漢字はいくつかの読み方があって非常に難しく、いまだに大変な問題です。

大阪外語大には半年いて、その後は愛媛大学で六年半、京都大学で二年、そして横浜国立大学に移って一年が経ちます。今は鎌倉に住み、環境情報研究員として課題に取り組んでいます。山火事と、サイクロン、それに伴う洪水という、マダガスカルで起こる三つの天然災害について、「防災」という観点から対策などを見直せるよう、日本で研究を続けます。いずれはマダガスカルに戻って、日本で勉強したことを活かすことのできる仕事に就きたいと思っています。

日本の魅力は便利さと安全

日本での一〇年間に、多くの発見や出会いがありました。私は、田んぼやお祭りというものは田舎にしかないものだと思っていたのでしたが、大阪のような都会にもあって驚きました。とくにお祭りはいろいろな形のものがあって、伝統がよく守られているのだと感心しました。ただその一方で、伝統的なきもの姿を期待して日本に来たのに街では誰も着ていなくて残念でした。今の日本人女性達のファッションは、カラフルだけどちぐはぐ、そんな印象を持ちます。

私はバスケットボールや水泳が趣味なのですが、愛媛時代にはそうしたスポーツや飲み会を通して日本人の友達ができ、彼らを通して日本人の生活の様子をうかがい知ることができました。七六歳の先生から合気道を習う機会もありました。とても感激した忘れ難い経験でした。

あるとき、そうしてできた知り合いのひとりに、「一期一会」という言葉とその意味を教えてもらいました。いい言葉だと思います。とても好きな言葉です。

休みのあいだに、沖縄に二回行きました。泡盛が気に入りました。味に癖のあるところが好みです。マダガスカルによく似たお酒があります。

日本の魅力はなんといっても便利さと安全です。数年前、スイスで学会に参加したときは、コンビニは会場から遠く、ホテルの従業員が少なくて不便でした。

日本人は丁寧で、親切で、礼儀正しいと率直にそう思います。人との「和」というか、遠慮や気づかいを自然にしていると感じます。何かを断るときや嫌なときに、どう言えば相手を傷つけずにすむかを考えているようです。そのために、カムフラージュされた言葉の使い方や、言外のコミュニケーションのスタイルはとても複雑です。徐々に読み取れるようになってきたとはいえ、マダガスカル人のストレートな物言いに慣れた身にとっては、早とちりや誤解をすることなく真意を的確につかむのは難しいことです。

日本には社会の決まりごとが多いです。ただ歩くときでさえ、流れに逆らってしまわないよう、右側通行か左側かを観察しなくてはなりません。私などは、分からずに真ん中を歩くことがありました。今はもう慣れてきたので意識しすぎることはないものの、それでも行先を間違えないよう、電車の車内アナウンスは聞き逃せません。（二〇一〇年三月、取材）

二年間で公共政策を学び、国の再建に役立てます

ナハ・エリジャ・サーティさん［リベリア共和国］

一九七四年、リベリアに生まれ、首都モンロビアから車で三〇時間の町に暮らしていた。三十六歳のときに日本へ。横浜国立大学大学院と、国税庁が管理するNTC（National Tax College）に通う。あらゆる分野にわたる公共政策、税制などについて学ぶ。滞日一年。

アフリカ大陸初の黒人共和国、初の女性大統領

一八二二年、アメリカで奴隷として扱われていた黒人達が解放されて、アフリカ大陸の西端に移送されてきました。アメリカが植民地を作るためでもあり、その地は「リベリア（自由の国）」と名づけられました。それから二五年後の一八四七年、リベリアはアメリカから独立、アフリカ大陸で最初の黒人共和国が誕生しました。

一九八九年から民族対立を背景に政権争いが起こり、大統領暗殺など一四年ものあいだ、内戦が続きました。ようやく内戦が終息し選挙が実施され、二〇〇六年一月、アメリカ留学経験のある七〇歳

の女性で、元国連開発計画アフリカ局長のエレン・サーリーフさんが大統領に就任しました。任期は六年。アフリカ大陸で最初の女性大統領の誕生です。

内戦で首都周辺を含め国土は壊滅的、国家再建には課題が山積していました。国際機関に望むのは、国内外の難民帰還や社会基盤整備、産業復興への財政面での強力な支援です。

国連リベリア支援団は、二〇〇三年に武装解除計画に着手しました。しかし、武器と引き換えに現金の即時支給を求める若者兵士が国連平和維持部隊と銃撃戦を起こすなど、治安はいまだ不安定です。

税制など経済学を学び、公共政策を勉強中

税金面などで優遇措置を受けるため、多くの外国船が書類上だけ登録する便宜置籍船制度がリベリアの重要な外貨獲得源です。私は、このようなリベリアの政府機関で働いていました。

日本はアフリカ開発銀行（アフリカ諸国の経済、社会開発を促進する目的で設立された金融機関）に加盟しています。日本がリベリアに復興支援、経済支援をしているワールドバンクのスカラーシップに応募した私は、二〇〇九年に日本に来ました。

横浜市鶴見区にある横浜市国際学生会館に住んでいます。リベリアから日本のこの地に着くまで三日かかりました。飛行時間はトータルで三一、二時間、とても長い旅でした。そして日本の第一印象

は「ワンダフル！」のひとことです。

月曜は九時から四時まで六本木にある国税専門学校（ＮＴＣ）で、税に関する調査・研究をして、税制について学んでいます。火曜から金曜は横浜国立大学大学院で経済学を専攻し、主に公共政策について勉強しています。

週末は公園を散歩したり、新宿の教会に行ったり、千葉県柏市にいるリベリアの友人を訪ねることもあります。皇居や東京タワーも観光しました。九月には大学の行事で、京都に一週間の観光旅行があります。今から楽しみにしています。大学の交流会イベントなどで接する日本人は、みなとてもフレンドリー、優しくて、丁寧で、穏やかで、静かです。

国の公用語は英語、日本でも英語の生活です。ひらがなは全部覚えましたが、カタカナはちょっとだけ、漢字はまだまだ、わかりません。

日本の四季、文化も食べ物も健康に良さそう

日本に来て間もない頃のある朝、東京に行くつもりが、逆方向の電車に乗ってしまいました。今はもう慣れましたから失敗はありませんが、とにかく都市では人が多く、いろいろな電車や地下鉄やバスなどの交通機関が充実していて、道路の整備などインフラが整っている。自動車の多さにも驚きました。

上海万博（二〇一〇年）でも話題となって注目される中国経済の急成長ですが、国民の貧富の差が大きいので個人的には感心しません。私の国にも格差があります。日本はインフラが整っていて、国民の誰もがその公共サービスを平等に受けられています。すばらしいです。

住んでいる国際学生会館の入口が、正月飾り、雛飾り、七夕飾りなど、季節ごとに彩りを変えます。良い文化があるのだと感心します。日本の春夏秋冬で、一番好きなシーズンは夏です。リベリアは一年中温度差が少なく、二六度ぐらいです。湿度が高く、雨季と乾季の二シーズンです。

食べ物については、リベリアも主食はお米ですが、ヤシ油を使い、キャッサバの葉、ペッパースープ、ジャガイモの葉やオクラ等を食べます。日本よりもっと塩と油を使いスパイシー、辛くて油っこい食べ物です。日本の食べ物は健康にとても良いと思います。日本に来てすぐ炊飯器を買いました。近所のスーパーで、お米を買って炊いています。日本の天ぷら、そば、うどんはおいしいですね。国では魚はいつもフライにして食べているので、生魚を食べたことはありませんでしたが、最近は少し食べられるようになりました。

リベリアでは妻と、一三歳と七歳の子どもが私の帰りを待っています。日本で二年間勉強し、自国の政府機関に戻ります。勉強したことを活かし、建設、環境、保健、教育、法律など、あらゆる分野にわたって母国再建のための基盤整備に取りかからねばなりません。（二〇一〇年三月、取材）

ストレスで倒れたが「負けない気持ち」で乗り切った

ディウフ・エル・ハッジ・マサンバさん［セネガル共和国］

一九五八年生まれ。セネガルの大学を卒業後にモロッコに留学。そこで出会った日本人女性と結婚、セネガルで挙式の後に夫婦で日本へ。滞日二〇年目。

日本人と結婚し、日本での生活を始めたが……

モロッコに留学していたとき、セネガル大使館でセネガルへのビザを取得しに来ていた日本人女性と出会いました。セネガルのことをアドバイスしたり、留学生仲間がいるモロッコのアパートに招いたりしました。ものごとにしっかりと向き合い、積極的に取り組む姿から、彼女の責任感の強さを垣間見ることができました。そうした人間性に惹かれ、この日本の女性との結婚を考えるようになりました。

セネガルにはいろいろな民族がいて、誰もが困っている人には手をさしのべます。そうした助け合いの心は、どこよりもセネガルが一番。彼女の性格ならセネガルで生活していける。当時はセネガルでの暮らししか考えていませんでした。

「日本」については、高校時代に授業で学びました。メディアからは「日本すなわちハイテクノロジー」のイメージが強かったので、チョンマゲはどこでも見られるとは思っていませんでしたが、出会えるかもしれないとは思っていました。妻となる人の国をこの目で見てみようと、結婚前に日本に来ました。日本では何でも手に入り、サービスの質がよく、セネガルとは物質的にまったく違います。彼女にとって、セネガルでの生活は大変だろうからと、日本で生活することにしました。セネガルで挙式をして、日本に来ました。

横浜市保土ヶ谷区の団地で暮らし始め、大変だったことといえば、何より日本人とのコミュニケーションです。なかなか受け入れてもらえません。私はフランス語の教師をしていて、いろいろな場所で教えていますが、当時、苦労して身に着けた日本語を使ってみたくて、日本人に声かけようとするといつも逃げられてしまいました。

電車の乗り方がわからなくて不安なとき、日本語で聞いても無視されました。駅員さんは「仕事だから」か、ちゃんと教えてくれるので助かりました。電車に乗って席に座ると隣の人が立ち上がってしまうし、隣の席が空いていても誰も座りません。「私のどこが変ですか?」、「こわいですか?」、「いけないですか?」、毎日毎日、朝から晩まで考え、苦しみました。

乗るべき電車を間違えてしまったり、降りるはずの駅を通過する電車に乗ってしまったり、時間に遅れたり、食事の時間を取れなかったりが続いたある日、電車の中で頭がボオーッとして、立っていられなくなりました。誰かが英語で「電車を降りたほうがいいよ」と声を掛けてくれたことを憶えています。タクシーで近くの病院へ行きました。すると医者は、私の身体を触りたくなかったようで、薬だけ出してくれました。ちょうど日本に住んで半年ぐらいが経っていた頃のことでした。翌日、違う病院に行くと、「身体はどこも悪くない健康だよ。ストレスがたまっている。食事を取ればすぐ仕事に戻れる」と言われました。日本での生活をやめてセネガルに戻ろう。妻はセネガルで生活しても、こんなに苦労はしないはず、物質面はどうにかなる。私の給料を兄弟で分け合っても何とか生きていけるし、お金が人生のすべてではない。一年日本で我慢してお金を貯めて、セネガルで新しい生活をしよう。私は内心そう思っていました。

不思議な日本人、いつしか自分も日本流

日本について学び日本語の勉強をすると、日本人は恥ずかしがりで、思いを顔や言葉に出して表現しないことが多いが、温かい心を持っているということが私にも分かってきました。

私を避ける理由は黒人が嫌いだからではなく、外国人に慣れていないから、話しかけられても困るので、近づかないようにしているのだと分かりました。私と同じように、日本にいる外国人も苦労しているだろうと思います。だけど、負けてはいけない、きっとコミュニケーションできるようになる。

そうすれば気持ちも変わります。少し日本語ができるようになると友達ができました。言いたいことが言えて、場合によっては相手を正したり、聞き流したりできるようにまでなりました。

祖父は「相手を許せ、そのままほっとけ、無視しなさい」と、その場に平和が広がることを大切にしました。逆に祖母は「喧嘩したら負けるな、やられたらすぐその場でやり返せ」と攻撃的でした。私自身は、この二人の考え方のバランスを取りながらここまで来ることができたと実感しています。

長く日本にいて今でも驚くのは、電車にたくさんの人が乗っていても、誰も話さず、静かなことです。日本に来たばかりの頃、セネガルでは習慣となっているので、簡単に人に声をかけました。実は、日本では迷惑だったのかもしれません。今では、日本人ならではの遠慮や我慢、性格や態度についても理解できるようになりました。そうなのです、私が日本人になってしまったかのようです。電車に乗っても周りの人を気にしなくなり、近くにおばあさんが立っているのに気づき、慌てて立ち上がるこの頃です。日本人のみなさんも変わってきて、外国人のそばに来ない人や避ける人がだいぶ少なくなった気がします。

一方、私は「セネガルの子ども達に教育を」とバオバブの会を創設しました。活動を始めて一〇年余りになります。学習環境を良くするための支援活動、文通により日本とセネガルの小学校間の交流を進め、双方の子どもや大人がそれぞれの国を訪問し、相互理解を深めるスタディ・ツアー実現に向け、日本とセネガルの懸け橋となることを死ぬまで続ける所存です。（二〇一〇年八月、取材）

ネパールに嫁ぎ、伝統の技を学んでいます

チヒロ・シレスタさん［ネパール連邦民主共和国］

取材時四二歳。東京生まれ。一九歳のときユネスコによるネパール表敬訪問セレモニーに参加。その後もたびたびネパールを訪問、出会いに恵まれてネパール人と結婚。三人の子育てをしながらネパールの織物、伝統音楽、観光などと、ライフワークも広がり、ネパール暮らしが二〇年になる。

小学校建設の活動に参加して

東京生まれです。たとえばカナダなど、行ったことのない先進国に留学してみたいと漠然と思っていました。そんなとき、草の根活動をしている日本のある団体が、ネパールの学校がない地域に小学校を建てる活動をしていて、その小学校表敬訪問六日間の旅をユネスコが主催していることを知り、参加しました。

その後、この活動自体に加わり、大きな三角定規や理科実験用の器具、鉛筆やノートなどの文房具、サッカーボール、ラケット、靴などを持って、ネパールに向かうようになりました。子ども達の喜ぶ

顔が嬉しかったからです。

ネパールで、いろいろなホームステイ体験をしました。誰もが優しくて大らかで、家族や親戚の関係がとても親密です。外国人であって赤の他人の私にも、みなが優しい気づかいをしてくれます。おかげでホームシックにも陥らず、人の温かさに包まれてすごすことができました。日本の人達と違って、知らない人や外国人にも壁を作らずに受け入れるからでしょう、人と人との隔たりを感じることがありません。

そして一つの出会いがありました。夫となるハリ・シレスタとの出会いです。彼は、首都カトマンズの先住民族であるネワール族です。七〇年代にネパール政府から日本へ、和紙の技術研修生として二年間滞在しました。伝統的なネワール族であり、彼の両親は、外国人の私を温かく迎えてくれました。

ティファール祭、そしてラクシュミー神のこと

二一歳で結婚、ネパールに永住を決めました。カトマンズから車で二〇分、古都パタンにある築百年の家に、ネワール族の一員として、両親の大家族との同居生活が始まりました。とはいえ、家族が話すネワール語はいっさい解りません。家庭料理にも苦労しました。食事は朝夕の二回、ご飯と豆料理が多く、昼はお茶とお菓子です。

月の暦（太陰暦）を使い、毎月祭りをします。満月ごとのお祭りには行事がたくさんあり、祭りを通じて伝統文化を学び、無我夢中でネワール人女性として暮らしてきました。

三大祭りの一つであるティハール祭は、ネワール暦の新年の祭りで、一一月初旬に行われます。家をきれいに掃除して清め、入口に花を飾ります。夕暮れには素焼きの入れ物に、家庭によって異なるのですが、胡麻油や菜種油、大豆油などを入れ、そこに「こより」を浸して火を灯します。富と幸運の神、女神ラクシュミーを家に迎えるためです。

ラクシュミー神に、家族や兄弟が健康でありますようにと願い、祈ります。「こより」のほのかな明かりが揺れるこの光の祭を親戚、友人と楽しみます。お嫁に来たばかりの女性もラクシュミー神として、大切にされるのがネワール族の伝統だということを後で知りました。

夫の母は一五人以上の孫を持つ子育てのプロなので、子育てはお任せでした。文化、言語、習慣、生活などまったく違った世界から伝統的な大家族に飛び込んだ私を、ずっと今日まで忍耐強く温かく支えてくれています。

私たち夫婦は、娘一人、息子二人、犬二匹の七人家族になりました。

ダカ織りや草木染め、ネパールの伝統文化を大切に

ネパールに行って間もなく、反政府デモが頻発しました。市民の熱い情熱も加わって民主化運動に発

展しました。私の結婚は、民主化移行直前でした。民主化後も武装闘争、国王一家の銃殺、軍事クーデター、戦闘、ストライキ、抗議集会、ゼネストなどで激動の二〇年でした。物価高にも振り回され、教育面では不安定な治安による危険から休校が続発、影響は社会全体に及びましたが、現在は落ち着いています。

ネパールは多くの外国からの援助を受けている国です。海外からの援助に頼って国が動いていると思っているネパール人には「そうじゃない、失くしてはいけないネパールの伝統文化を見つめなさい」と言いたいです。現地の人達は、手っ取り早くお金になるものに流れてしまいがちです。ネパールに根付いていたダカ織りも草木染も廃れつつあります。草木染については、それを知るおじいちゃん、おばあちゃんを探してゼロから辿るしかありません。

草木染めや手織り物に興味を持っていた私は、ネパールの伝統的織物「ダカ織り」が織れるようになりました。祭りでよく使う太鼓、宗教歌バジャンなども難しいのですが興味があります。また、東洋のチェロのような伝統古典楽器「エスラージ」を習い始めました。

夫とともに、カトマンズの観光開発にも取り組んでいます。「ネパールの伝統を守っていこう」、という気持ちを原動力に、ネパールの良さを日本にアピールしたいと思っています。（二〇一〇年一〇月、取材）

環境衛生、廃棄物管理で日本の技術を学ぶ日々

ディアス・ゴメス・ヒューゴ・フェルナンドさん［エクアドル共和国］

取材時三〇歳。エクアドルの首都キトに生まれる。神奈川県海外技術研修員として二〇一〇年八月末に来日し、横浜国立大学環境情報研究院で環境衛生、廃棄物管理について研修中。初めての海外生活、滞日三か月。

水の衛生処理技術を学ぶための日本留学

エクアドルの首都キトの出身です。大学で土木工学を、専門学校でプロジェクトおよびマネジメントを学び、上下水道の設計士として会社勤務をしました。その後は、環境衛生事業、道路、港湾などの社会開発事業のために資金を提供するエクアドル国立銀行勤務となって、環境管理、設計審査、地域の上下水道計画を担当しています。

私の国では、水の衛生処理技術が大変遅れています。環境保護、管理が進んでいる日本で、水の処理についての新しい技術を学びたくて、海外技術研修員に応募しました。願いがかなって選考され、

日本に来ました。上下水道処理や管理、排水やゴミによる環境汚染削減の勉強、そして発表と忙しい毎日です、母国の責任を担って日々、研究室で勉強と発表の準備で追われています。研修旅行として、鳥取県の宍道湖、宮城県の松島、白石に行きました。

日本での暮らしの拠点は、横浜市旭区にある神奈川県国際研修センターの宿舎です。毎朝六時に起きて、パソコンのテレビ電話でエクアドルの両親、兄妹と話すのが日課です。時差が一四時間あります。朝食はパンと牛乳。八時に宿舎を出て、バスと相鉄線の電車で大学まで四〇分、急行ではないので電車は空いています。九時から六時までは研究室にいます。昼食は学食で肉、そば、魚などを食べ、七時に帰宅して夕食を作ります。両親が働いていたので、食事を作ることには慣れています。

週末は日本語の補講を月二回受けています。秋葉原、東京タワー、渋谷、皇居、新宿、埋立地の横浜みなとみらいに出かけました。宿舎の研修センターのパーティで中国からの研修生が歌い、私がギターの伴奏をしました。所長さんや中国人と卓球をしました。

楽しみたい、日本の食文化、京都・奈良

日本の生活はもちろん、海外生活も初めてですが、新しい経験は何でもオーケー。日本の習慣にのっとった生活を楽しみたいです。

エクアドルでは、水と米とオイルを入れてご飯を炊きますが、日本では水と米だけで炊くので、健

康に良さそうですね。エクアドル人は魚をよく食べますが、生では食べません。日本で初めて刺身をわさびと醤油で食べ、おいしいと感じました。刺身は日本の食べ物ベストワンです。次が魚と野菜の鍋、そば、焼肉、酒の順番です。酒は焼酎も好きです。

昨日（取材日の前日）は忘年会がありました。日本人は飲んで話すのが好きですね。それでも、たいてい一二時くらいには終わってしまいます。エクアドル人は飲んで歌ってダンスをして、にぎやかに午前二時くらいまで平気です。タクシーやトロリーバスで帰宅します。日本はタクシーが高いので、電車が動いているうちに帰るのでしょう。

日本の漫画、車、アニメーション、テクノロジーは、どれもすばらしい。飛行機、電車、バス、モノレール、地下鉄など、交通システムの時間管理がスゴイ。極端な比較ですが、私の国では友達と待ち合わせをして一時間半くらい遅れても問題ないのですが、日本人は時間に正確です。とくに電車の時間の正確さは世界一だと思います。電車を利用していて感じたことですが、日本人は旅行好きの人が多いように思います。

車のハンドルが右、字は縦書き、漢字、ひらがな、カタカナなどがあって、母国の公用語のスペイン語や英語と大きく異なります。東洋を感じます。

日本では、いろいろな企業の人が大学の研究室に会社のパソコンを持って来ています。企業と大学はコネクションがあり、教授の推薦で就職ができる日本の学生がいることに驚き、恵まれているなと思いました。私の国では、学生は自分で職を探さなければならないので大変です。

そして日本の街は、どこもきれいです。国に帰る前に、昔の都だった歴史ある京都や奈良に行ってみたいです。

エクアドルの首都キトには日本人はいませんが、キトより人口が多いグアヤギルという港町には日本人がいます。日本の工場はなく、輸入だけですが、パナソニック、ソニー、日産、トヨタの製品はエクアドル人にも人気があります。

日本のレストランで勉強したエクアドル人シェフが経営する日本料理店があり、行ったことがあります。日本で日本語を勉強したエクアドル人の日本語の先生もいます。魚、貝、海老、鶏肉、豚肉、ジャガイモがおいしいです。エクアドル人には、ガラパゴス諸島、ジャングル、山をめぐるツアーが人気です。

海岸がきれいで、海岸地域は一年中泳げます。赤道に近いのですが、私が住んでいるキトは海抜が二八五〇メートルです。今着ているセーター、コートはエクアドルから持って来ました。来年三月まで日本で学び、習得した新しい技術や知識をエクアドルの水処理に活かし、国の環境向上に貢献します。

エクアドルでは女性は二五歳、男性は三〇歳が平均結婚年齢ですから、私もそろそろ結婚を考えようと思っています。（二〇一〇年二月、取材）

第2章

災害・紛争・環境問題 2011―2013

2011年3月11日、東日本大震災を研究発表中に体感したトルコのゲティック・オヌールさん。母国でも大々的に報道され、ご家族から心配の電話があったそうです。3.11についてはアフガニスタンのアリフィ・ムジブッラーマンさん、ジンバブウェのムチュベ・エドウィンさんなど、たくさんの方が語ってくださいました。災害や紛争、環境問題等にはみなさんが敏感で、真剣に考えていらっしゃることがよく伝わってきます。

考古学の知を深め、博物館学芸員になります

レアン・シーナムさん［カンボジア王国］

取材時二五歳。二〇一〇年八月末、神奈川県海外技術研修員としてカンボジアから来日。母国では博物館の学芸員を務める。考古学を学ぼうと、初めての日本で歴史的文化財をめぐる。約七か月間の留学を終える三月にカンボジアに帰国の予定。滞日六か月目。

文化遺産を修復する最先端技術を学ぶ

カンボジア南部の生まれです。北の地域にある世界的な文化遺産アンコールワットには、学校で見に行くことはありませんでした。国が遺跡の保存と保護と修復に追われているためです。

高校卒業の頃に歴史に興味を持ち始め、カンボジアの寺院をめぐる一週間のスタディツアーに参加しました。初めて巨大な多くの石の寺院建築の文化財を見て感激し、博物館の学芸員になろうと、大学で考古学を専攻しました。アンコールワットが世界的に有名ですが、もっと北にあるプレアヴィヒア寺院が、二〇〇八年に世界遺産に登録されています。ちょうど大学卒業のタイミングで、カンボジ

ア北部にプリア・ノロドム・シハヌークアンコール博物館ができ、学芸員として就職することができました。遺跡の修復には、お金と技術が必要です。世界の国々からの支援を受けて進められています。私が働いている博物館は日立カンパニーやイオンなど、日本の援助を受けています。そんな日本への留学を望み、神奈川県海外技術研修員のテストを受け、パスできました。日本の歴史も勉強していたので、とても嬉しかったです。

横浜市旭区にある神奈川県国際研修センターの宿舎に住み、月曜から金曜まで、次の研修先に行きます。

- かながわ考古学財団、海老名河原口遺跡、野庭資料整理室
- 上智大学アジア人材養成センター
- 県埋蔵文化財センター
- 県歴史博物館

博物館の一般向けプログラム、博物館学免許カリキュラム、土器のかけらを集めて修復する実習など、日本の最先端技術を学んでいます。

寺社や博物館をめぐり、都市や行事も楽しむ

朝八時頃にはJR線、小田急線、相鉄線、田園都市線など、毎日異なる電車に乗って研修先へ向かい

ます。ラッシュアワーです。ドアが閉まってしまうと、車内は身動きできないほど、暑くてもコートを脱ぐこともできません。初日はセンターのスタッフに連れて行ってもらいましたが、ひとりで出かけた日に反対方向の電車に乗ってしまい慌てました。

週末も大好きな考古学の延長で研修生仲間やＪＩＣＡの人、友人達とお寺を見て歩きます。鎌倉の鶴岡八幡宮や大仏にも行きました。鎌倉時代は侍の時代、面白いです。

古いものを見ようと、明治大学や川崎、横浜の博物館を見て回りましたが、陳列されている品々は保存が良くてすばらしいです。とくに弥生時代、縄文時代の土器が気に入っています。今週は小田原へ行きます。二度目です。松田の河津桜見物に連れて行ってもらうのですが、初めてのお花見です。お正月には、研修先の先生の家で和服を着せてもらい、嬉しかったです。

横浜みなとみらいには昼と夜に合わせて五、六回行きました。そのときに見た富士山がとてもきれいで忘れられません。研修旅行で東京見物もしました。東京国立博物館は一日中見ていたかったけれど一時間だけ、残念でした。東京タワー、秋葉原へも行きました。

カンボジアは石の文化、日本は木の文化

カンボジアは雨季と乾季の二シーズンだけ。乾季の一、二、三月がカンボジアのベストシーズンです。春夏秋冬で変化する日本の風景は、とても美しいと思います。山と海が美しく、秋の紅葉と黄葉の両

方とも好きです。初めて見ました。新幹線に乗って関西へも行きました。信じられないほど速くて快適でした。

カンボジアは石の文化ですが、日本は木の文化です。京都の清水寺の木の舞台は張り出していて、下を見て高いのに驚きました。周りの自然も美しく印象に残っています。銀閣寺も良かったです。東大寺に行き大仏を見ました。想像以上に大きかったです。

日本人はよく働きますね。いつも忙しそう。親切でフレンドリーだし、協力的でいつも穏やかです。そして日本はパワフルで、発展しています。ロボット技術、テクノロジーがすばらしい。バス、地下鉄、電車、モノレール、飛行機、新幹線など交通機関が組織的に管理されていて、時間が正確なのにも驚きました。

カンボジア料理のレストランがあることをインターネットで調べましたが、寿司や刺身、そば、うどん、天ぷらが大好きになり、まだ行っていません。試験にパスして日本に来ることができて本当にラッキーでした。日本語は難しいけれど面白いので、帰ったらもっと勉強したいです。

日本で学んだことを活かし、帰国してからも考古学の勉強を続け、国一番の学芸員になって、自国のすばらしい文化遺産を多くの人に広めていきたいです。カンボジアにある遺跡をカンボジア人自身の手で保存、修復、文化的魅力を広める活動ができる人材の資質向上が、国の最大課題です。（二〇一一年二月、取材）

母国の農業を導く科学者になるための留学

シャイレシュ・クマールさん［インド］

二九歳で来日して三年、横浜市立大学大学院博士課程の三年生。横浜市鶴見区の理化学研究所（理研）横浜研究所内にあるキャンパスでナノバイオサイエンス（超微細生物科学）を勉強中。週末は市民のための英語語学講座の講師も務める。滞日三年。

生物工学で修士号、気候と土の研究で博士号を

デリーで生まれ、インド北部のラクナウ、パトナー、バーオナガルなど地方の生活を体験し、デリーに戻りました。海外経験はドイツに一か月間、植物のゲノム調査で行きました。

インターネットで日本の「理化学研究所」を知り、自分がいちばん勉強したいことと一致したので日本への留学を決めました。高校時代に観たヒンディー語の映画『ラブ・イン・トーキョー』が印象に残っていました。デリーから八時間、あこがれの日本に来ました。

最初は学生寮に入りましたが、今は鶴見区にある横浜市国際学生会館に住んでいます。横浜市立大

学大学院のキャンパスまでは歩いて一五分ですから、通学はとても楽です。

インドで学士号は農学で小麦と米を、修士号は生物工学を勉強してきました。日本での博士号の勉強は、理研の植物科学研究センターで気候と土との関係など、米を専門に生物細胞のメカニズムの実験と研究をしています。研究についてのプレゼンテーションのため、東北大学に行ってきました。来月は、研究対象の植物についての発表で、熊本大学へ行く予定です。

毎日、朝一〇時から夜八時まで、理研の横浜研究所内にある大学院ですごします。先生は理研の方です。実験と研究で毎日忙しく、夏休みはなく冬休みだけですが、よく働くのはインド人も日本人と同じ、少しも苦ではありません。

忙しい生活なので、ベストコンディションの維持に神経を使い、健康には気をつけています。日本での生活に変わっても、インドにいたときからの習慣で、朝食前三〇分間、ヨガを毎日続けています。インドでは人口の四〇%がベジタリアンです。両親はベジタリアンでなく何でも食べますが、私は子ども時代からずっと肉、魚類が嫌いでベジタリアンです。日本の天ぷら、豆腐が大好きです。

週末は、友達といろいろな所に出かけて気分転換しています。今までに川崎、戸塚、鎌倉の大仏、中華街、新宿、原宿、靖国神社、明治神宮、千葉の鋸山に行き、熱海、新島へも行きました。ただし、土曜日の午前中二時間は、住んでいる学生会館で地元市民の方々に英会話を教えています。キャンパスや私生活とは異なる年齢層の日本の人々と接することは、新鮮で楽しい体験です。

インドの発展に貢献できる科学者の道を行く

日本のお米は粘り気があっておいしいです。テクノロジーはすばらしいし、そのことで国が発展しています。電車、道路、街、どこもクリーンで、交通が便利です。人々は協力的で、優しく、困ったときには援助の手を差しのべてくれます。そして日本は安全で平和です。

友達の家を訪問して初めて畳の上を歩き、浴衣を着せてもらいました。きもの（和服）はきれいですね。デリーでは最近、サリーは家の中だけで、外へ出るときは洋服に着替えている人が多くなりました。

インドには花見という習慣がありません。花が咲いていても見て素通りするだけ。わざわざ花を見に出かけ、みんなで楽しむという日本の習慣は、とても珍しいのではないでしょうか。

みなとみらいや鶴見川の大きな花火も見ました。インドの三大祭りの一つディーワーリー祭で一年に一回みんなが花火を楽しみますが、それぞれの家の周りで上げるだけです。日本の花火大会で見るような大きな花火を見たことがありませんでした。とてもきれいでビックリしました。こんな日本の生活、文化、食べ物、そして日本人のことがとても好きです。

インドでは六月から一〇月が暑く、三五度以上の日が続きます。日本で体験した真夏の「猛暑や熱帯夜」なんて、まったく問題ありません、寒いのも平気です。スキー、スノーモービルなどウィンタースポーツが得意です。インドの高校では公立も私立も　体育の時間にクリケットをします。サッカーよりもクリケットが盛んです。

日本での勉強は博士号をめざして、あと二年続けます。大学院を卒業後は、理研からアメリカへトレーニングに出かける予定です。その後はインドに帰って、理研で勉強したことを活かしてさらに実験、研究を続けます。

結婚など、自分のことは今の私の頭の中にはまったくありません。科学者としてインドの農業や農場の指導に当たり、国の発展に貢献したいです。（二〇一二年二月、取材）

英語教師になったのは、ずっと日本で暮らしたいから

野村・ダーリーンさん［アメリカ合衆国］

取材時五四歳。米国ペンシルベニア州生まれ。一九七六年に仕事で初めて来日し、四年間滞在。帰国後も日本に戻りたいと思い続け、八年後に再度の来日。大学や専門学校で英語教師を務める。滞日二三年。

日本で結婚、子どもの誕生が最大の喜び

ペンシルベニア州で生まれました。人は少なく、電車は走っていません。日常の生活や旅行などは、車での移動でした。三五年前、二〇歳のとき、アメリカ空軍の仕事で初めて日本に来ました。東京の横田基地で働き、海外生活は初めての体験でした。日本人は穏やかで親切で、静かです。日本の文化は魅力的なものばかり。豊かできれいな自然のもとでの生活が、とても快適で、日本が大好きになりました。

四年間滞在してアメリカに戻ると、もう一度日本に住みたい、日本に帰りたいと強く思うようにな

りました。英語の教師をしながら日本で生活していこうと考え、ペンシルベニア州とフロリダ州にある大学および大学院で、英語教育に必要なことを懸命に勉強しました。

初めて日本に来たのは三五年前の一九七六年。週末に利用した駅では、改札口に駅員さんが立って切符を切っていました。歩いていると子ども達が「ガイジンだ、面白い」と寄ってきたり、私の後ろから近づいて来て茶色の髪の毛などを触ったり、大人も子どもも何かと不思議なものを見るかのようで、少しショックでした。外国人が珍しかったのでしょう。

また、大きく「toilet」あるいは「トイレ」と書かれた標示にも驚きました。当然ながら、あちこちで目にしました。あまりにストレートなこの表現を、アメリカの女性は使いません。当時の私は二〇歳、それを見るたびとても恥ずかしく思いました。フレンチ風に「トイレット」と発音すれば少し優しい響きになるかもしれませんが、「バスルーム」が一般的で、レストルーム、ラバトリー、最近では日本の一流ホテルなどでは「レディズルーム」となっています。

同じように、よく目にした「WC」の標示の意味がわからなくて気になりました。これはイギリスからの表現だと後でわかりました。初めてのデートのとき、サービスエリアで見た「手洗い」の標示にも戸惑いました。「手を洗いますか？」

再来日は三二歳のとき、英語教師として池袋で生活を始めました。週一日のパートタイマーからでした。間もなく、生徒のひとりでアメリカ留学生活を経験したことがある日本人と出会い、結婚しました。横浜に移り、現在は週五日の非常勤講師として大学などで教えています。

今までで最も嬉しかったこと、それは子どもの誕生です。私たちは八年間も待ちました。それだけに、子どもの名前を決めるのにも時間がかかりました。アメリカの赤ちゃん名づけ本を参考にしたのですが、なかなかいい名前が見つからず、ふたりとも疲れ切ってしまいました。

「そうだ、やっともらった神様からのプレゼントなのだから、〝ジョナサン〟はどう?」

ニックネームはジョナさんと呼べるし、最高にいい名前だとふたりで大喜び、やっと決まりました。レストランJonathan'sにも親しみを感じて、家族で利用することもあります。

趣味は洋裁、洋裁しながら英語を教えます

趣味は洋裁です。ジャケットなどウエアやバッグを作ります。親戚や私の子ども用にと、生地や小物を買いに、横浜のユザワヤに出かけるのが楽しみです。

出産後は英語教師の仕事を三年間休みました。そのかわり、自宅で親子連れのお母さん対象に洋裁をしながらの英語教室を始めました。でも、洋裁をすると部屋中が散らかるし、幼い子がチョロチョロして落ち着きません。大変になってきたので、子どもが二歳半になったとき「これは私の仕事」と考え、仕事場を持つことにしました。自宅から歩ける距離に部屋を借り、大きなテーブルとミシンを置きました。生徒のママさんたちはテキストやミシンを使って、洋裁をしながら英語の勉強です。子

育てをしながら趣味の洋裁と英語教室の両立を楽しみました。

わが家の共通言語は英語です。自由に使いこなしてほしいので、生まれたときからずっと息子との会話は英語です。夫は息子に日本語で話し、息子は英語で父親に話します。小学校に入学すると、私は英語講師に復帰しました。そして息子は中学生に。近くの公立中学校に通っているので日本語もペラペラ、バイリンガルです。

逆に、私は日本文化を学び、日本語の勉強をしてきたけれど、日本語を使わないのでなかなか覚えられません。最近は忘れっぽくて、二三年も日本に住んでいますが、日本語が面倒になっていて、ちょっと恥ずかしいです。

今思うに、二〇年前の生徒たちはよく勉強しました。マナーもとてもよかったです。最近の生徒は勉強しなくなったと感じます。日本の将来が心配です。

食生活については、ほどよい量の日本食がよく、そば、天ぷら、とくにお寿司が大好き。お料理やお弁当の盛りけがとてもきれいですね。見た目に美しく芸術的で、日本人には美を愛するセンスがあります。中学生になった息子の健康を願いながら、きれいな盛り付けになるよう、お弁当作りに奮闘しています。

反抗期に入った子どもと三人、家族の生活をエンジョイしながら、これからも大学で英語講師を続けていきます。（二〇一一年六月、取材）

建築技術を学ぶ最中に東日本大震災に遭遇

ゲディック・オヌールさん［トルコ共和国］

二〇〇九年、二五歳でＪＩＣＡの長期研修員として来日。「防災研究能力強化」のテーマにより、横浜国立大学博士課程後期を取得中。二〇一二年三月、トルコに帰国予定。インタビュー時は滞日二年目。

日本文化に親しみながら建築工学を学ぶ

父が建造物の電気技師だったので、小学生のときに建築、建造物に興味を持ちました。イスタンブールの工科大学修士課程を修了し、ＪＩＣＡおよび文部科学省のスカラーシップで二〇〇九年一月に日本に来ました。

　イスタンブールの大学では建築学と地震学は別々ですが、日本ではいっしょに学べます。ドクターコースの「地震のための建築エンジニアリングコース」で勉強中です。二年生までは毎日朝から一日中大学ですごしました。今は研究室に行くのは週三回くらいです。弓道も試みて、面白さを感じています。

横浜みなとみらい21新港地区にあるJICA横浜国際センター（以下JICA横浜）の研修員宿舎に住んでいます。部屋にはキッチンも冷蔵庫もありません。食事はヌードルやインスタント食品が多く、カレーうどんが大好きです。外食はファーストフードで、野菜が好きではなく、健康に良くない食生活のせいなのか、日本に来て八キロも太ってしまいました。

ムスリムなので生の魚は食べたことがありませんでした。エルサルバドルの友人に勧められ、初めて食べてみました。今は寿司、刺身が好きになりました。焼き鳥、たこ焼きもおいしいです。昨年、仙台で研究発表をして、仙台名物の牛タンを食べました。おいしかった！

トルコにも春夏秋冬があります。梅雨はなく雨はほとんど降りません。台風もありません。八月がいちばん暑くなるのは同じですが、日本の夏はとても蒸し暑い。トルコの冬は雪が膝くらいまで降り積ります。私が通った大学は山の方にあり、六〇〜七〇センチくらいの雪だとバスが走らないので休校になりました。夏より冬がいい、雪が大好きです。

去年トルコはジャパンイヤーでした。「少年ジャンプ」、『MONSTER』、『ドラゴンボール』など大人気です。インターネット上でも本でもトルコ語で読めます。市民はそれを見て、日本の文化を勉強するなどして楽しんでいます。日本に来てすぐに、ひらがな、カタカナを勉強しました。二〇〇〇字の常用漢字を習い、頑張って六〇〇の漢字を完全にマスターしました。ただし、使わないので三〇〇字ぐらいに減ってしまいました。

今、近所の本屋では読みたい漫画のトルコ語翻訳本が見つかりません。日本語は難しいので手っ取り早い英語の翻訳本を読んでいます。英語の翻訳はちょっと違和感があります。トルコ語と日本語は文法が同じだし、微妙なニュアンスやフィーリングが似ていると感じます。

普段は英語の生活です。先日、勇気を出して日本語で理髪店へ行く道を尋ねてみました。たまたま声をかけた見ず知らずの日本の人が、親切に丁寧に教えてくれて嬉しかったです。

トルコでは日本の車はもちろん、侍、忍者、空手が人気です。フットボール（サッカー）が有名ですが、私の通っていた大学には剣道のクラブがあり、日本の歴史的なスポーツを楽しめる道場もありました。

ＪＩＣＡ横浜では日本文化に親しむプログラムが組まれていて、自由に参加できます。和太鼓をドーンドーンと打ってみたのですが、すごく気持ちがよかったです。篆刻《てんこく》で自分の判子づくりにも挑戦してみましたが、難しい。市民の卓球チームとの交流もできたのですが、相手の球がすごく速くて打てなかったし、「茶道」は抹茶がとても苦くて飲めませんでした。

東日本大震災の日、宿舎に着いたのは午前二時

トルコでは人に会ったなら握手、頬に二回キスをします。親戚、家族、友人とハグとキスなどタッチングはいつものことです。日本人は、喜怒哀楽を表情に表しませんね。スキンタッチをせず、ジョー

クもなく、はっきり言わない。何を考えているのか理解するのが難しいです。でもお酒を飲むと一転、明るくなってコミュニケーションも円滑になります。

よく言われると思うのですが、日本人も日本の国も親切で温かいです。たとえばトルコのホームレスは、本当にお金がありません。日本のホームレスのなかには、好んでホームレスという境遇を選択している人もいると聞きました。そうであっても、生活支援をするなんて不思議です。

二〇一一年三月一一日、二時四六分の地震発生のとき、私は埼玉県にある大林組の研究所一階の会議室でちょうど研究発表中でした。揺れを感じてやめようとすると、係の人に「続けて」と言われました。さらに強い揺れが続いたので、その後にやめました。

一時間後ぐらいにトルコの家族から電話がかかってきました。地震があった時間はトルコの朝八時前、テレビで日本の地震が報道されたそうです。無事を伝えることができました。午後七時には、会社が用意してくれた車で会社と大学関係の総勢五人で埼玉を出発。ひどい渋滞でしたが何とか横浜に着きました。先生達と別れ、横浜から歩いてみなとみらいにある宿舎に着いたのは翌朝午前二時過ぎ。出発から七時間かかりました。通常の三倍です。テレビで地震と津波の大被害を見て、びっくりしました。

来春までの日本での研修に専念し、終ったところでトルコに帰ります。研修で学び、身につけたことによって国に貢献したいと思います。（二〇一一年六月、取材）

経済学を勉強しながら日本を存分に体験

セディラージ・イニシャ・アサンティさん［スリランカ民主社会主義共和国］

取材時三八歳。二〇一〇年四月に来日。横浜国立大学大学院で経済学を専攻、主に公共政策と税制について学ぶ。学位論文に追われながらも、日本各地を訪れてきた。二〇一二年春まで滞在の予定。滞日一年半。

スリランカと日本、違いも新鮮

スリランカではコロンボにある政府機関の財務省で働いていました。コロンボの職場ではサリースタイルでした。政府機関関係官庁で働く女性の服装は正装のサリーと決まっています。五〇着ほどサリーを持っています。オフィスはファンやエアコンで快適です。民間のオフィスで働く女性の服装は自由で、多くは普通の洋服スタイルで働いています。

勤務時間は政府機関が八時四五分から午後四時半まで、民間企業などは八時から午後六時、銀行は八時から午後七時までですが窓口は三時で閉まります。誰もがよく働きます。二〇〇五年と二〇〇八年に、税の教育養成研修のため職場からインドへ派遣されました。スリランカに比べて貧しい人が多かったことが印象に残っています。

ＪＩＣＡ、文部科学省のスカラーシップで二〇一〇年四月に日本に来ました。最初は横浜国立大学に近い峰沢寮でしたが、今は横浜市鶴見区にある横浜市国際学生会館に住んでいます。週一回、教授から指導を受けるために大学へ行きます。それ以外は家で一一月までに提出しなければならない学位論文に関する文献の読書と執筆で忙しくしています。気分転換は、インターネットでスリランカのニュース、映画、ドラマを見たり、音楽を聴いたりすることです。

来日して数か月後の夏休み、八月から九月にかけて姉がいるオーストラリアに行ってきました。いろいろな所によく出かけます。北海道、大阪、神戸、京都、広島、鎌倉、江の島、ディズニーランド、横浜のみなとみらい21では花火も見ました。最近では、スリランカの友達三人で川崎大師に行って和太鼓の演奏を聴いてきました。日本人が親切に道順を教えてくれたので、迷わずに行けました。

日本に来て、初めての体験はいろいろあります。雪を見たのは生まれて初めてのことで感激しました。とてもきれいで、冷たくて、不思議な感触でした。茶会にも参加して、抹茶をいただきました。苦味はスリランカのお茶と同じでしたが、スリランカのお茶の方がもっと緑色をしています。浴衣を着たのも初めてのこと。日本の夏の踊りを教えてもらいながら踊りました。

朝食はパンかコーンフレーク、授業のあるときはお弁当を作って持って行きます。日本の焼きそば、天ぷらが好きです。インターネットで日本のお米より少し長いスリランカのお米を買います。スリランカ料理に使うたくさんの辛いスパイスは日本にはないので、スリランカにいる母から送ってもらっています。

自然と伝統を大切にするスリランカのために

先日、住んでいる国際学生会館と同じビルにある潮田地区センターの人達と「潮田交流プラザ秋まつり」のイベントをしました。会場はビルの一階入り口広場です。ベトナム、モンゴル、ブータン、韓国、タイ、バングラディシュ、台湾など、会館で共に暮らす学生達と世界の屋台村コーナーに参加して、私はスリランカの友達と、人参、魚、ジャガイモ、玉ねぎを細かくして細長く巻いて揚げたフィッシュロールを作りました。お客さんに渡すときに、チリソースをかけて売るのですが、一時間くらいで完売しました。日本の人達に「おいしい」と言われて嬉しかったです。

日本に来て運動不足を感じていましたが、運動はあまり好きではありません。会館にいるスリランカの友人（男子学生）が、「太っているね」と平気で私に言います。ふざけながら大きな声で言うので、他の人にも聞こえています。私は平然と聞き流していましたが、会館から歩いて一〇分くらいの鶴見川沿いを友達と一時間くらいランニングを始めました。夏は暑いのでやめていましたが、秋は気候がいいので、夕方に今度は早歩きで、また一時間くらい始めようと思います。

日本の人はオープンではないし、自分からあまり話さず、社交的ではありません。男性は親切で紳士的で、女性はお化粧をしていてとても美しいです。スリランカの女性は、日焼け止めと口紅だけです。

私が暮らすコロンボは、人口が多く、高層ビル、オフィスビルも多いので日本の大都市とあまり変わりません。ビジネスマンは四〇%くらいが車通勤ですが、仕事以外で出かけるほとんどの人はバスを利用しています。コロンボにはさまざまな様式の建築物があります。公用語はシンハラ語とタミル語です。他の地域と繋ぐのは鉄道です。電車はいつも遅れます。日本は交通が便利で電車が遅れないのに驚きました。

スリランカの夏より日本の夏の方が暑いです。日本では夏より冬の方が好きです。スリランカは自然そのままが美しい国であり、国民の八八%が仏教徒です。仏教寺院や遺跡など伝統を大切にする国民性です。

スリランカの職場に復帰し、勉強したことを活かして国のために働きます。仕事で昇進できるよう努力します。結婚したい、という希望もあります。（二〇一一年一〇月、取材）

癌医療の分野で世界的なドクターになります

アヴリウシュ・ボロトベクさん［モンゴル国］

一九八六年生まれ。二〇〇七年、二一歳で来日し、東京、新潟、横浜と移り住んで、医学、都市環境学、生物学を学ぶ。大学院に進み、医学分野で世界に羽ばたきたいと夢を語る。滞日四年半。

留学先は日本と決め、長岡工業高専へ

首都ウランバートルから北西に四〇〇キロ、冬はマイナス三〇度、夏でも朝晩の寒暖差が大きいセレンゲに生まれました。二番目の大都市ダールハンで一二歳まですごし、ウランバートルに引っ越しました。私立の高校には詰襟の学生服で通い、日本語の授業では週二、三回は日本人の先生に教わりました。高校生のときに化学オリンピックでメダルをもらい、医学系、化学系の大学ならどこでも入学フリーパス。大学は医学部へ進み、二年生までウランバートルで暮らしました。

二〇〇六年にポーランド留学を決めると、ずっと興味があった都市環境学を専攻しました。学友か

らは中国人に見られ、「黄色の顔」などと言われ差別され、それが嫌で半年でウランバートルに戻りました。翌年四月、日本の文部科学省の募集を知りました。日本語ができるし、奨学金もいい。テレビ番組『おしん』と『ラブジェネレーション』を見ていました。市街では日本の中古車が走っています。小学校ではモンゴル人の先生から「ふるさと」の歌を教わったこともあり、日本のイメージが良くて、留学先は日本と決めました。

二〇〇七年四月には渋谷に住み、東京日本語センターで一年間、日本語を勉強。その後、日本政府から決められた新潟県の長岡工業高等専門学校の三年生に編入しました。希望した土木、物理、化学、都市環境学を勉強して、五年生で卒業するまで長岡市ですごしました。長岡では雪が二メートルも積るのに驚きました。道路の中央から水が出て雪を解かす装置が凄くてビックリしました。モンゴルでスノーボードやスキーをしていたので、長岡でもスキーをしました。

二〇一一年四月、鶴見区の横浜市国際学生会館に引っ越しました。東京工業大学三年生に編入し、生物学、薬、食品、遺伝子組換えなどを勉強しています。生物を扱っているので、午前三時半まで研究室にいたこともありますが、毎日が楽しいです。土曜日も学校に行き勉強します。おかげで卒業単位を取得できました。今学期から金曜日がフリーになるので、大学院をめざします。京都大学の研究室での研究活動を望んでいます。生活スタイルは、起床すると朝食を作って食べ、シャワーを浴び、インターネットでニュースを見ます。九時半に学生会館を出て、夕方四時半まで大学です。昼食は学食、夕食は自炊することもありますが、作るよりも買った方が安いです。

身長が一八九センチあるので、ラッシュアワーでもまわりがよく見えます。曾祖父が大きかったと聞いています。週末は、部屋のトレーニングマシンで汗を流します。モンゴルに電話をかけたりもします。高校からの友達が東京だけで一〇人いますので、誰かを訪ねたり、映画に行ったり。インターネットでモンゴルの映画を見ることもあります。地方の友達に会いに行くなど、また大学からの旅も含めて、日光、埼玉交通博物館、新潟、京都、大阪、広島、山口、金沢、長野、名古屋に行きました。

「遊牧」のモンゴルと「定着」の日本

モンゴルの高校で日本のことを勉強していたので、電車が時刻表の通りに来ても、それほど驚きませんでした。ちなみに、モンゴルには時刻表がありません。

日本は島国。日本人は「他人に迷惑をかけない、お互いに助け合う」ことを大事にし、自分の本音を抑えています。他人と長くうまくやっていくため、みんな同じようにと考え、変わったことをしません。モンゴル人は昔から遊牧しているので、嫌だったらやめて、他に移って気楽に生きます。自由です。これが日本人と最も異なる国民性だと思います。

最初の日本語学校の一年間は外国人とだけの付き合いでした。でも長岡の専門学校では、外国人は私だけ。それに、ポーランド留学、日本語センター、高専への編入などを経験していますから、私はクラスメイトより四歳年上です。まわりの学生がとても気をつかってくれているのがわかり、自分がどう対処すればいいのか悩みました。それがストレスになり、ホームシックに陥りました。そんなある日、「モンゴルでだって、クラスメイト四〇人すべてと友達になる必要はないのだから」と考えると気が少し楽になり、自分から話しかけるようにしました。高専の寮に住むようになってすぐ、自活できるかどうか試してみたくなり、外の空気も吸いたかったので、自分で見つけたアパートに移り三年間をすごしました。居酒屋でバイトをしました。揚げ物を担当して、キノコ、カボチャ、エビ、ナスの天ぷら、それに親子丼、牛丼など、肉と小麦粉があれば、何でも料理できるようになりました。

ウランバートルから一〇～二〇キロ離れた所にゲル地区があります。馬車、ふたこぶラクダ、牛などで総量五〇〇キログラムのゲルの資材を運び、一〇人くらいが生活できるゲルを、三、四人で三〇分から一時間で建てます。安いので無許可で建てて住む人もいます。このゲル地区の人達が使う石炭の排ガスが、都市環境汚染の原因の一つとなっています。

サッカーよりバレーボール、バスケットボール、ボクシングなど、施設にお金がかからない屋内スポーツが人気です。もちろん相撲も、夏の三か月くらいだけ、ほぼ屋内で行われます。

これから京都大学大学院をめざします。そしてドイツに留学し、研究をさらに積んでドクターになりたいです。癌をなくす研究をし、生物全般に携われるドクターになって、世界に羽ばたきたい。

（二〇一二年一〇月、取材）

自分の会社を創ることが大きな夢です

マイ・ティー・ハバンさん［ベトナム社会主義共和国］

一九八九年、首都ハノイの南にあるナンヂン県に生まれる。四歳からハノイで育つ。二〇一〇年来日、東京外国語大学入学。インタビュー時、横浜国立大学経営学部経営学科一年生。滞日二年目。

日本の文化に触れたい、何でも体験しよう

高校生の頃、日本のドラマ『おしん』、『あすか』、『北の国から』を見て、日本語が鳥の声のように聞こえ、勉強したら面白そうだと思いました。私の国の公用語はベトナム語ですが、高校の友達はみんな私より英語が上手でした。すごいなと思ういっぽう悔しさもあって、大学では友達とは違う言語をと考え、日本語の勉強を始めました。

私はいつか、ベトナムで自分の会社を設立したいと思っています。そんな夢もあって、ハノイの大学では国際経営を専攻していたのですが、このままベトナムで勉強を続けても将来のビジョンが浮か

びそうもないと感じて留学を考え、多くの国際的な企業がある日本なら経営について多くのことが学べるのではないかと思いました。

二〇〇九年五月に日本の文部科学省の留学生募集を見て応募しました。試験に合格し、二〇一〇年に国費留学生として日本に来ました。新しい挑戦に不安もありましたが、この奨学金のおかげで日本に来られ、すばらしい機会をもらったのだから、何でも体験してみようという強い気持ちでいます。

はじめに東京外国語大学に入学しました。経営学のコースを選び、日本語の授業と日本の政治や憲法、歴史や社会事情についての講義を一年間受講しました。それら諸々の最終試験の後、次に進む大学を決めることになりました。

ちょうどその頃、ネットで『たったひとつの恋』というドラマを見るのにはまっていて、ドラマの舞台になっている横浜の風景や海の様子に憧れました。渡されていた大学のパンフレットに横浜国立大学があって、先輩も通っているし、東京へのアクセスもよかったので、横浜国立大学を選びました。

大学へは鶴見にある横浜市国際学生会館から通っています。徒歩と電車の時間を合わせて通学に一時間半くらいかかってしまうので、何とか短くしようと、ホンダの中古のバイクを七万七千円で購入しました。これで通学時間が三〇分になったのですから、いい買い物をしました。

大学で日本人、ベトナム人、インドネシア人の友達ができました。勉強は期末試験の時期だけが忙しく、そうでないときはついつい遊んでしまいがちです。そこでコンビニでアルバイトをしようと思いました。バイトをすれば時間的にもお金についても計画的になれそうだし、日本人の働き方を知ることができるだろう、と考えました。バイトの研修期間の終わりに店長から、「お客様を満足させることに限界はない」との話を聞くことができました。良いことを聞いたと思いました。

日本人は小さなことに気を配ります。たとえば、私の日本語を褒めてくれた人がいます。「お世辞でしょ」と思いつつも少し嬉しかったので、私も心がけて小さな、なにげないことにも気をつけるようにしています。

ベトナムの中部地域には世界遺産が集中する

ベトナムは人口が多く、大都市ではどの家にも庭がありません。庭にする土地がないのです。五階建ての住居が通りにそってぎっしりと並び、車庫と入口、居間と台所、家族の部屋、客間や先祖を祀る祭壇を備えて、風水に基づいて建てられています。洗濯には五階まで上がらなくてはなりません。

ベトナムでは一九八八年から「夫婦に子どもふたりが幸せな家庭」というスローガンのもと、「ふたりっ子政策」が施行されていました。最近は、以前よりも緩和されつつあります。私自身は、結婚して子育てや主婦としての家事をすることに憧れがあります。その一方で、やはり自分の会社を設立するという大きな夢があります。そのヒントを、この留学生活から見つけたいと思っています。

ところでベトナムは、細長い国土の中部地域に見所が多く存在します。夜の街並みがランタンに彩られる古都ホイアン、フエの歴史的建造物群、フォンニャ＝ケバンの大洞窟、チャンパ王朝時代のミーソン聖域遺跡という四つの世界遺産が集まっているのです。ダナンには有名なビーチリゾートもあります。

ベトナム人には仏教徒が最も多く、その次がキリスト教です。私自身はキリスト教を信仰しています。近年は、無宗教を自認する人も増えてきました。

日本では桜というと花見をして楽しむものですが、ハノイではベトナム旧正月の行事「テト」のときに、咲いた桜の枝を切って花瓶に入れ、室内や家の前に飾ります。テトの頃には、町中で赤色の飾りが売られます。赤は幸運を表す色、子どもにはお金を赤い袋に入れて渡します。

ベトナム人は家やレストランの他に、屋台がたくさん出ている歩道でもよく食事をします。交通や衛生面での問題もありますが、フォーやバインミー、コムガーなど、おいしくて、私は大好きです。

バイクのことは「ホンダ」と呼びます。ホンダは一番人気です。私は四人家族なのですが、四人ともホンダに乗っています。ハノイではバイクが多すぎて、よく渋滞が起こるので、ある時期のハノイに「バイク購入禁止」のルールが課されました。しかし、市民は他の県に行ってバイクを購入してしまうので効き目がなく、やむなく解除されました。もともと道が狭く、最近では車に乗る人も増えてきましたから、渋滞は相変わらずの社会問題です。（二〇一一年一〇月、取材）

小麦増産へゲノムシステムを研究の日々

アリフィ・ムジブッラーマンさん［アフガニスタン・イスラム共和国］

一九七六年生まれ。二〇一二年九月に二度目の来日。横浜市立大学大学院の生命ナノシステム研究科と木原生物学研究所に所属。アフガニスタンの小麦増産をめざし、主に小麦育種の研究に取り組む。二〇一二年現在、修士課程の一年生。滞日七か月。

アフガニスタンからの留学生第一号

私の祖国アフガニスタンの国旗には小麦が描かれています。豊穣への願いが込められているのです。主食であるナンの原材料だということもあり、小麦はアフガニスタンの主要な作物で、なおかつ最も重要な食物です。私はアフガニスタンの農業灌漑牧畜省に属するＡＲＩＡ（アフガニスタン農業開発機構）で一二年間、小麦の研究に携わってきました。

二〇〇八年、横浜市立大学とＪＩＣＡ横浜による「小麦育種の研究技術員受け入れプロジェクト」に参加するために初めて日本に来ました。横浜市戸塚区にある市大の木原生物学研究所で一〇か月間の技術研修を受けました。

研究所には、創設者の木原均博士が一九五〇年代に採集したアフガニスタンの小麦とその祖先種が保存されていました。市大のプロジェクトは、アフガニスタン在来の小麦の遺伝資源についての研究成果をアフガニスタンの農業復興に役立てようとするものでした。その技術研修を受けられたことが、市大大学院への留学をめざすきっかけになりました。

二〇一一年に市大大学院に初めて九月入学の枠が作られ、留学の希望が実現しました。私はアフガニスタンからの長期留学生の第一号です。母国からの期待もありますから、責任を強く感じています。今度の六月には、四年前に私が受けた一〇か月の技術研修のために六名が日本に来ることになっています。たぶんその人達の中から、私に続く留学生が出ることでしょう。

私自身は現在、戦争によって荒廃した祖国をいかに復興させるか、という課題に取り組んでいます。人口が増加する中で、すべての人に食料が行きわたるように農業技術を学んで小麦を増産する必要があります。その一環でゲノムシステムについて勉強しています。

宿舎のＪＩＣＡ横浜国際センターのレストランには、エスニック料理やムスリムのための料理があるのでよく利用しています。

私はイスラム教徒ですので、朝、正午、午後、夕方、夜の一日五回礼拝をします。朝はいつも四時半に起きて礼拝をします。もう一度寝て、七時過ぎに起きて食事をし、大学へ向かいます。月曜日と金曜日は金沢キャンパスの生命ナノシステム研究所へ、火、水、木には舞岡キャンパス木原生物学研究所で試験や研究、農業技術研修を続けるという毎日です。

アフガニスタンは国土の四分の三が山岳で、坂が多い地形なので、移動するだけでも多くのエネルギーを消耗していました。それが日本に来てからは、月曜から金曜まで終日研究で、いくら忙しくても交通が便利で移動は電車に乗るだけなので、運動不足になってしまって、太ってきた気がするので、休日にJICA横浜のスポーツプログラムに参加して、卓球やバドミントンで汗をかくようにしています。あとは近くの赤レンガ倉庫やみなとみらいの周辺でウォーキングをしています。

お花見は、桜ではなくアーモンドの花のもとで

今までに北見や帯広、盛岡、筑波、長野、福山、岡山、福岡にある国立リサーチセンターに行ったことがあるのですが、日本はどこも自然が美しくてすてきな国だと思います。そして「ひな祭り」などの伝統文化が守られていることがすばらしい。つい先日、日本流のお花見を楽しみました。お酒は飲みませんが、三渓園とみなとみらいを歩きました。じつはアフガニスタンにもお花見の習慣がありまます。日本とよく似ていて、満開の花の下でたくさんの人が集まって飲食をするのです。違うのは、桜ではなくアーモンドの花を見ることです。アーモンドは桜とよく似た白と桃色の中間のような淡い色合いの小さな花を、春先にたくさん咲かせます。

私が生まれたのはアフガニスタンの首都カブールから七〇キロほど離れた所です。現在、家族はカブールで暮らしています。カブールは乾季と雨季があり、夏になると気温が四〇度に達するくらい暑い所ですが、湿気がないため空気はカラッとしています。寒暖差が激しくて、冬は積雪もあり、マイナス一八度という日もありました。郊外や農村部では、そういう気候に適した家が建てられています。屋根の梁だけが木でできていて、日干し煉瓦を積んで壁とし、土や泥で固めたものです。

アフガニスタンは大家族が普通です。私は既婚者で、六歳になる息子がいます。二〇人がいっしょに住んでいる大家族です。私のことを心配して、妻や母が毎日スカイプで通信してきます。

東日本大震災のときはカブールにいました。生活したことのある日本を襲った大惨事を、ニュースで見て家族みんなが非常に驚きました。その半年後に日本へ来て余震を初めて体験したとき、怖くて建物から飛び出してしまいました。日本のビルは耐震構造のため、室内の方が安全だと聞いてからは、そういうことはしなくなりました。

目標は修士号の取得です。そして卒業後はアフガニスタンの農業灌漑牧畜省に戻り、日本で学んだ農業技術を生かして、国家目標である小麦の増産をＡＲＩＡで取り組んでいきたいと考えています。

（二〇一二年四月、取材）

日本の自然と暮らしを実感しながら、ダムや灌漑技術を学びたい

ムチュベ・エドウィンさん［ジンバブウェ共和国］

一九七九年生まれ。政府系企業に勤務し、農業国である自国に必要な灌漑技術を学ぶため、二〇一一年五月に来日。横浜国立大学大学院修士課程二年生。滞日一年。

東日本大震災の直後に来日

日本に来る前はジンバブウェの政府系企業で働いていました。ジンバブウェは農業国で、国内にはたくさんのダムが建造されています。ダムや灌漑の技術に関してはアメリカより日本の方が進んでいると考え、技術面などいろいろのことを学ぶために、日本政府と世界銀行の奨学金に応募して日本に来ることになりました。

東日本大震災の被害の大きさに驚きました。ちょうど四月から日本の大学に入学する予定で三月に来日するところだったのですが、延期になってしまい、そもそも来ることができるのかどうか、心配

していました。結果、二か月遅れとなりましたが無事に来日できました。

住居は横浜市南区弘明寺にある横浜国立大学大岡インターナショナルレジデンスです。できてまだ半年くらいとのことで、新しくきれいな建物で快適です。建物の一角に畳と床の間と坪庭の和室があって、茶道の体験をさせてもらいました。浴衣姿になって、日本文化を味わいました。

月曜から金曜まで朝は六時に起きます。各階に共有のダイニングキッチンがあるので、朝食はそこでポリッジ（オートミールをミルクで煮たおかゆ）を作って食べ、七時半頃にレジデンスを出て、夜七時半頃に帰宅するという毎日です。通学時間は地下鉄と徒歩で四〇分くらい、近くて便利です。日本ではどこへ行くにも電車、地下鉄、バスがあるので移動が楽だと思います。水道、電気、ガスが自由に使えるのも嬉しい。日本のみなさんは親切に接してくれますし、毎日を気持ちよくすごしています。

来日してから今までに日本のいろいろな場所に行きました。去年の夏は、三日間でしたが大学の研修旅行で新潟県の信濃川に出かけました。ジンバブウェと違って湿度が高くて、じつは今まで蒸し暑さというものを経験したことがなかったので疲れました。そのときは、長野県の黒部ダムの見学もしました。

東日本大震災から半年が経った昨年の九月、岩手県の釜石市と久慈市に行きました。津波で流され逆さまになった車や潰れた車、壊れたビルや家屋など、瓦礫の山を目の当たりにしました。ある小学校の仮設校舎を訪問し、英語でジンバブウェのことを子ども達に紹介しました。かわいい、キラキラと輝いた目で見つめられて、大学生活とはまったく異なる緊張感を味わいました。貴重な、楽しい、思い出深い体験でした。

一二月、横浜みなとみらいのランドマークタワーの展望台から、初めて雪をかぶった富士山を見ました。とても美しくて感激しました。来年の三月に卒業後にジンバブウェに帰ることになるので、それまでに一度、夏の富士山に登りたいと考えています。七月がおそらく唯一のチャンスでしょう。かなえられるといいですが。

帰国して、もとの職場に戻り、あと二年働くことになります。その後は奨学金を得て博士課程に進み、もっと勉強して転職するつもりでいます。

経済が大きく落ち込む自国のこれからを思う

私の国では二〇〇五年に、モザンビークが震源の地震がありました。といっても、揺れも小さく家にも街にもまったく被害のないものです。私が生まれて三三年のあいだに地震はこの一回だけ。洪水は何回かあります。

ジンバブウェで、私は両親といっしょに住んでいます。七人家族です。妻と娘を国に残して、ひとりで日本に来ています。今ジンバブウェではインフレが起きていて、経済が落ち込んでいます。政策も有効なものがなく、不安定な経済のもと、教育費や医療のためのお金を払えない人が増え、子どもの数の減少などさまざまな社会問題に繋がっています。多くの人は仕事がありません。生計を立てるために、自分の庭で採れた野菜を家の前に並べて商売する人もいます。南アフリカやイギリス、オーストラリアまで、出稼ぎに出て行く人も多いです。この国が本当に発展するためには、まだまだ時間がかかります。

都市部では、道路を走っている車のほとんどが中古の日本車です。公共交通機関が少ないため、交通の便は良くありません。どこへ行くにもたいがい二、三キロは歩かなければならないので苦労します。インフラ面では電気の方が安く、ガスは高いので使う人が限られています。その電気は、供給される時間が年間を通して規則正しく決定されているのです。

農村地域では今も生活に井戸水を使い、料理のときの火は薪で起こします。明かりはロウソクかオイルを使用しています。ジンバブウェでは、七、八歳くらいから男の子も女の子もお母さんの手伝いをしています。料理も掃除も洗濯も、何でも手伝いながら覚えていきます。主食であるサザは、トウモロコシの粉を練って作ります。これに、牛肉や魚、鶏肉、野菜などを煮込んだシチューを添えます。とてもおいしいです。

標高が高くすごしやすい気候のため、国内は美しい自然に恵まれています。広大な野生動物保護区を持つなど観光地も多く、世界三大瀑布の一つヴィクトリアの滝や国史跡のグレートジンバブウェ遺跡が有名で、どちらも世界遺産に指定されています。（二〇一二年五月、取材）

日本人についての「なぜ?」を解明していきたい

楊枚陵さん［台湾］

一九八〇年、台中に生まれる。二〇一一年六月に来日。厚木のYMCA日本語科で日本語を学びながら、英語と中国語の家庭教師をしている。二〇一三年には卒業予定。就職活動中（二〇一二年現在）。滞日一年二か月。

オーストラリアで英語を、日本で日本語を学ぶ

台湾の台中生まれです。中学生のとき、自分のこれからの人生に英語が役立つだろうと考えて海外留学をしました。それで一四歳から二三歳までをオーストラリアですごし、オーストラリアの高校と大学を卒業しました。その後、台湾と中国の広東省で、英語の技能を役立てて働いていました。

オーストラリアにいた頃、通っていた学校の姉妹校だった神戸の学校を訪れたことがあります。他に両親や、オーストラリアや台湾の友達といっしょに、いずれも短い旅行ですが今までに一〇回くらい日本に来たことがあります。関西方面や北海道、東北、沖縄などあちこちに行きました。どこも景色がすごくきれいでした。やがて、日本語の勉強をしたいと思うようになりました。英語と同じように仕事に生かせるかもしれないし、言葉がわかれば、日本の文化についてももっと深く理解できるはずだからです。留学の経験は、自分の視野を広めることにも繋がります。そう考えて、まずは語学の学習のために日本へ来ることにしました。

去年の六月から神奈川県の厚木市のアパートで生活を始めました。こちらへ来て四か月のあいだ、町田にあるボランティアの日本語教室に通い、基礎日本語を勉強しました。一〇月に厚木のＹＭＣＡ日本語科に入学し、中級のクラスに入りました。

毎日七時半に起床します。アパートから学校までは自転車で二〇分ほどです。月曜から金曜までの毎日、学校は八時五〇分に始まり、授業が終わるのは一二時五〇分。午後の時間を自由に使えるので、マクドナルドやコーヒーショップを使って、日本の小学生や大人達に向けた英語と中国語のプライベートレッスンのアルバイトをしています。休みの日に、留学生同士の交流会やバーベキューに参加したことがあります。こちらでできた友達と、神奈川県の秦野にある大山で山登りをしたこともあります。日本に来てから海へ行ったのは一回だけ。そのときは熱海の方面で遊びました。

ときに奇抜な日本人、その真意はどこに？

最近、気になっていることがあります。四〇とか五〇代の男性が、まるで少女のように目立つ服装をしているのを見たのです。若い女の子が、アニメーションやコミックスのキャラクターと同じ格好をして歩いている姿も見ました。

私の日本人に対するイメージなのですが、他人に与える印象を気にして、目立ちたくない、他人と同じようにしていたい、だから自己主張をしない、相手に対して言いたいことをはっきり言わない、そういう人達ではないかと思っていました。ところが、そんな日本人社会にあって、どうしてこんな派手な格好をする人達がいるのでしょう。あまりに極端な現象なので、私にとっての謎であり、とても興味があります。日本人によるアニメーションやコミック、コスプレは海外でも人気があって、海外のさまざまな人が真似ています。日本人がどうしてあんなトレンドやクリエイティブなものを生み出せるのか、私の謎の追求から、そんな疑問の答えが見つかるかもしれません。

もう一つ気になっている、というか悩んでいるのが、日本の部屋の広さと時間についてです。台湾にいた頃は、友達の家に行くのが楽しかったし、自分の家に呼ぶのも楽しかった。家の造りは日本より広いので、遅い時間になっても泊まっていってもらえばよく、だから時間なんてぜんぜん気にしませんでした。オーストラリアにいたときも、部屋が広かったので友達を呼んで料理をしたり、友達が連れてきたバンド仲間とにぎやかなパーティをしたり、時間を忘れて楽しくすごしていました。ですが、今いるアパートの部屋はワンルームで六畳しかないので、これでは友達を呼べません。このアパートに住んでいるのは、みんな私と同じ若い年代の人達で、韓国と台湾の人以外はみんな日本の人です。共同で使える談話室があるのですが、日本の人達とは挨拶をして少し話すことはあっても、なかなか打ち解けた雰囲気にはなれません。「パーティしようぜ」みたいな気分にはとうていなれなくて、難しさを感じています。

日本にいる親しい友人と東京や新宿、渋谷、横浜で会うとしても、厚木からだと一時間以上かかってしまうので、二か月に一回しか会えません。会っても、台湾のように車でどこへでもすぐに行けるわけではありません。日本では、終電の時間を気にしなければならず、ちょっと淋しいです。台湾の人は優しい人が多くて、人と人との気持ちはお互いに結びついています。老人でも、三〇代や四〇代の人でも、みな日本に親しみを感じています。そんな思いが、東日本大震災のときの寄付に繋がったのだと思います。

これからやってみたいことは二つあります。一つは日本で仕事に就くことです。来年の三月に卒業を控えていて、就職活動も始めています。最近、アジアの人向けのセミナーに参加して、面接の練習もしています。外資系か日本の商社で売買に関わる仕事を志望しています。いろいろな国の人達とコミュニケーションを図りたいです。

もう一つはさっきお話したように、極端なファッションで目立ちたがる日本人の謎を解いてみたい、ということです。これから長く暮らすことによって、もっと深く日本のことを理解できるようになると思っています。（二〇一二年八月、取材）

別世界のような生活も、家族四人なら心強い

タガエフ・メリスさん［キルギス共和国］

キルギス第二の都市オシに生まれる。二〇一〇年来日、横浜国立大学大学院修士課程に在籍（二〇一二年現在）。国際ビジネス法や日本の人材育成プログラムなどを学ぶ。二〇一三年三月、卒業予定。滞日二年。

最高裁判事補として働いた後に日本へ

キルギスの国立大学を卒業した後に、最高裁判所で判事補を務めて六年間、刑事事件と民事事件双方に携わっていました。

ＪＩＣＡが募集した中央、東南、南アジアの各国への援助プロジェクトに応募して合格、奨学金を得て二〇一〇年に日本へ来ることになりました。このときの日本が、私にとって初めて訪れる外国でした。不安もありましたが、それ以上に期待と嬉しさを感じていました。

キルギスからモスクワ経由で成田まで、ざっと丸一日半、到着したのは蒸し暑い七月一日でした。

成田から当面の宿泊地となる新宿ワシントンホテルへと向かったのですが、道路が整然としていることや、交通機関が発達していること、林立する超高層のビルディングなど、目に入ってくるものすべてが珍しく、まるで奇跡のような現実を前に驚倒することしきりでした。

着いた翌朝の八時から、丸一日かけてのミーティングがありました。「おはようございます」、「こんにちは」、「いただきます」などの日本語の挨拶の講習や、電話の使い方、電車の乗り方、買い物の仕方など、日本で生活をするうえで必要となる情報の紹介やアドバイスを受けました。

休む間もなく、翌日からは研修が二週間にわたって続きました。会場は代々木にあるオリンピックセンターでした。毎日、朝八時半から夕方の四時まで、大学教授による日本の「教育」、「法律」、「経済」、「歴史」の講義があり、最後は私たち参加者の質疑応答と討論でした。参加者の出身国は一二か国にわたり、少なくとも一五〇人はいたと思います。ただ、そのときは何しろ着いて早々のハードなスケジュールだったうえ、何もかもわからないことだらけだったので、講義の中身はあまり記憶に残っていません。

研修の後、早稲田奉仕園という場所で日本語のトレーニングを二か月間受講しました。ひらがなとカタカナ、それに一〇〇〇ほどの漢字を習いました。そしてようやく、新宿から横浜市南区にある学生寮に移り、横浜国立大学大学院修士課程の学生生活が始まりました。現在は横浜市鶴見区にある国際留学生会館に住んでいます。

私は結婚していて、妻と、四歳になる双子の娘たちも連れて四人でこちらへやってきました。キルギスではロシア語とキルギス語が公用語なのですが、それに加えて娘たちはかれこれ一年半、日本の保育園に通っているので日本語がよくできます。私たち夫婦より上手いので、彼女たちが日常生活での通訳係をしてくれます。とても助かっています。妻は、私が日本での研究生活に心置きなく没頭できるようにと全面的に支えてくれています。彼女をとても尊敬していますし、深く感謝しています。

今までに研修目的や家族との旅行で、京都、奈良や草津、琵琶湖、広島や箱根、小田原などへ行きました。朝五時に築地へ出かけ、寿司をいただいたこともあります。築地は活気があって、楽しい場所でした。

休日というと、日本に来る前は釣りやキャンプに出かけていたものです。チェスを打つことや、さまざまな人の自叙伝を読むのも好きですが、どれも今はなかなか時間が取れません。

キルギスは八〇以上の民族が共存する平和な国

日本についてですが、まず、講義やトレーニングを受けて強い印象を受けたのが、日本人の準備と手配、実行の手際の良さです。早さだけでなく、周囲の人達は優しく、細やかに、てきぱきと私たち留学生の世話をしてくれます。

また、先ほども触れましたが、こちらへ来たばかりのときに見た新宿の高層ビル群から受けた驚きが、やはり大きかった。何しろキルギスでいちばん高い建物というと、一六階建がせいぜいですから、まるっきり別の世界に来たようでした。あの体験が私のなかの、日本は科学技術に優れた先進的な社会だという印象をさらに強くしていると思います。

私たちキルギス人は、キルギスの発展のために援助の手をさしのべてくれた日本からの寄付金に深く感謝しています。キルギスはユーラシア大陸の中央で、天山山脈の斜面に位置する山国です。水も空気もきれいで、豊かな自然に恵まれています。八〇以上の民族や多様な文化が平和に共存しているのがキルギスの良さだと誇りを持っています。キリスト教、仏教、イスラム教、シャーマニズムやトーテム崇拝など、たくさんの宗教が今でも人々の生活と密接に関わっていて、異なる信仰を持つ者同士でもお互いを寛大な態度で許し合う、宗教的寛容の文化が根づいています。

私が生まれたのは、キルギスで二番目に大きな都市オシです。育ったのは首都ビシュケクから南に六〇〇キロ離れた田舎の村でした。国内に鉄道はなく、移動は主にバスか車です。国内の道路事情は良くありません。首都ビシュケクにある大学に入るために、村から車でビシュケクまで移動したのですが、当時、一か月かかったのを覚えています。

来年三月に卒業してキルギスに戻り、最高裁判所で判事補の仕事を続けながら、判事をめざします。日本で得た知識を生かして、祖国の発展に貢献したいです。（二〇一二年九月、取材）

電車に飛び乗った私、これって無意識の日本人化ですか

ニン・ヌ・トゥエさん［ミャンマー連邦共和国］

一九八三年、ヤンゴン生まれ。日本語を身につけようと、二〇一一年九月に来日。厚木のYMCA日本語科に通う。滞日一年。

日本語を学びながらアルバイトも始める

私はヤンゴンで生まれ育ちました。学生の頃に日本語を学んだことはなかったのですが、教科書に載っていた日本の自動車やロボットなどの先端技術の紹介を読んだことがあります。他にも日本のアニメを見たりコミックを読んだりするたびに、自分の国とはぜんぜん違うと思いました。

大学を卒業した後、ミャンマー人の教師から日本語を六か月間習いました。それとは別に、ひと月だけですが日本人からも教わりました。漢字だけでなく、ひらがなやカタカナもあって難しいけれど、面白みも感じることができました。成果を試すために日本語能力試験に挑戦して、四級に合格し

ました。そうするうちに、日本語をもっと勉強すれば自分の将来にも良いはずという思いが強くなりました。日本へ勉強しに行きたいと考えるようになり、家族もそんな私の背中を押してくれました。

二〇一一年の一〇月から厚木ＹＭＣＡの日本語クラスで勉強しています。スタートの頃は中級でしたが、去年の四月から上級クラスに上がることができました。月曜から金曜まで、学校はいつも昼過ぎには終わるので、空いている時間でアルバイトをしています。学校も職場も、もちろん時間がきちんと決まっているので、遅刻だけはしないよう心がけています。アルバイトは一五時から一九時までです。帰宅してからの夜の時間は、日本語の勉強にあてています。休日は部屋の片付け、掃除、洗濯。それからスカイプでミャンマーの両親や家族、友達とおしゃべりしながらのんびりすごします。

一度だけ、お弁当を作って市ヶ谷の外濠公園にお花見に行ったことがあります。きれいな桜の写真を撮ることができました。ミャンマーでもマンダレーという所に桜を見に行ったことがあって、そのことを思い出しました。

生活に慣れても、日本語の壁は高い

電車で通学していると、ミャンマーと日本の違いがいろいろ見えてきます。

ミャンマーの人達は、並んで待つということをしないので、電車が来ると、みんなバラバラに乗り込んで、それぞれが勝手に座ります。日本人はきちんと並んで順番に乗って静かに座ります。私も最近ようやく同じようにできるようになりました。

たくさんの人が車内にいるにもかかわらず、日本人は誰ともしゃべらず静かに乗っています。こうした日々の風景が、私にはとても不思議でした。ミャンマーでは知らない人と天気や経済の話をしたり、若い人でも隣の人と挨拶をして、車内が話し声で賑わうのが普通です。

閉まろうとする電車に飛び乗る人がいて驚いたことがあります。危ないと思うし、もう少し早く家を出ればいいのにとも思います。私自身は、時間にゆとりを持ってゆっくり生活をしようと心がけているので、あのような行動を理解することができませんでした。

ところが最近、私が私の変化を知る出来事がありました。学校の授業が終わり、友達と話している途中でアルバイトに行かなくてはならない時間になりました。電車の時間が気になっていたのですが、自分の都合で会話を止めたりしたら相手を傷つけてしまうかも、と気にして言い出せませんでした。結局、時間ギリギリになってしまい、走って飛び込むように電車に乗りました。心臓が爆発しそうでした。他人ごとではない危ない行動をしてしまった自分のことがおかしくて、笑ってしまいました。私も日本の生活スタイルに慣れたということなのでしょうか。

ミャンマー人同士は、ざっくばらんに思ったことを言い合い、何をするにもマイペースです。そういう目で見ると、日本人はみんないつでも忙しそうで、頭の中が仕事のことでいっぱいなように見えます。何を考えているかを推し量るのが難しいし、時間がなさそうなので、話しかけたら迷惑かなと思い、ついつい遠慮してしまいます。

普段の生活で気づくこともあります。たとえば日本では、家庭から出るゴミを細かく分別しなければなりません。そういう習慣を見るにつけ、日本人はなんて几帳面なのかと思います。

アルバイト先で、ミャンマーにはない日本のマナーをいくつか教わりました。脱いだ靴は反対に揃えること、コーヒーカップをお客様には逆にして出すこと、器はお客様に花の模様が見えるよう正面に向けて出すのがいい、などです。

今、学校では丁寧語、尊敬語、謙譲語の勉強をしています。これをどう使って話せばいいのか難しく、不安です。アルバイト先には男の人が多く、年齢が私より上の人達ばかりです。尊敬とか謙譲とか、使い方を間違えたら失礼にあたるなどと考えてしまうと、ほとんど話ができません。こうした言葉の壁を、どう乗り越えていくかが今の私の課題です。

ヤンゴンの大学では、経営学を勉強していました。これから五年くらい日本で働いて日本語や日本の文化と社会のことをもっと学んで、やがては日本とミャンマーと両方に関わる会社を経営したいと考えています。（二〇一二年八月、取材）

災害からの復興のしかたを国のために学んでいきます

エムデ・マハブブル・ラーマンさん［バングラデシュ人民共和国］

一九七七年、インド国境近くの村で生まれる。二〇〇八年の研修プログラムに続き、二〇一二年四月に二度目の来日。二年間の滞在予定で横浜国立大学大学院修士課程に入学。経済学を学ぶ。滞日一年半。

単身留学で、料理も好きになりました

私の故郷はインド国境に近い東部の村です。大学と職場はどちらも首都のダッカにあって、政府機関の歳入庁（NBR：National Board of Revenue）という、税務を司る官庁で働いていました。以前、職場の研修プログラムの一環で日本へ来たことがあって、そのときは千葉に一〇日間滞在しました。

ダッカの大学では、工学を専攻していました。税務の仕事をするうえで、経済学の勉強をする必要性を実感し、日本と世界銀行による募集に挑戦しました。東日本大震災の影響で予定がかなり遅れてしまいましたが、二〇一二年の四月に来日できました。

日本に来て最初に住んだのは横浜市の南区にある横浜国立大学のインターナショナルレジデンスでした。一年間そこにいて、現在は鶴見の横浜市国際学生会館に移っています。ダッカの大学に通っていたときは寮から大学までわずか五分でしたが、横浜のレジデンスから大学までは片道四〇分くらいと遠く、鶴見に移ってからはもっと遠くなってしまいました。JRと地下鉄を乗り継いで一時間半ほどかけて通っています。そのうち徒歩の時間が三〇分くらいあるので、ちょうどよいウォーキングの機会だと思っています。体にも良いし、気分も爽やかになります。

去年の九月に「潮田交流プラザ秋まつり国際屋台村」というイベントに参加して、バングラデシュの料理であるサモサを友達と五〇パック作りました。台風の予報があったのですが天気は良く、嬉しいことにたった三〇分ですべて売れてしまいました。

平日は学校がありますから、七時に起きて朝食とお弁当を作っています。私はムスリムなので豚肉がダメで、外食はその点が不安なので主に自炊をしています。ハラールの肉か、もしくは魚といろいろな野菜を入れてカレーをよく作ります。それとサラダをお弁当としています。帰宅して夕食も作るのですが、夜は翌日のプレゼンテーションの準備だったり学校の宿題もあったりするので、だいぶ忙しくしています。

インドに妻と四歳になる息子がいます。妻は医者をしていて、家では妻が食事を作ってくれていました。自分ではいっさい料理をしていなかったので、最初は大変でしたが、今ではむしろ料理をすることが好きになっています。料理に必要なスパイスや食材は、蒲田や桜木町にあるインド食材店やハラールショップで手に入れています。バングラデシュ人の友達から、こうしたお店のことなどをいろいろと教えてもらいました。この友達からは、日本での生活面についてもアドバイスをもらっていて、おかげで日常生活に問題はありません。

今のところ研究漬けの毎日ですが、気分転換になるだろうと、地域の鶴見スポーツセンターでサッカーチームに入りました。休日は練習だけでなく、バングラデシュ人チーム対地域の日本人チームとで試合もします。思いっきり体を動かしてリフレッシュしています。サッカーは見るのも好きなので、今は地元の横浜・F・マリノスのサポーターです。

大学での授業などはすべて英語なので困ることはないのですが、せっかく留学をしているのだから、「日本」を学ぶためにも日本語を話せるようになりたいと思っています。大学などで話していると、日本の若い人は西洋やアメリカの文化に関心があるようですが、もっと日本の文化のすばらしさやオリジナリティに目を向けて、大切にしてほしいと思います。

「美しい森林」にベンガルトラが生息

私の母国のバングラデシュの公用語はベンガル語とバングラデシュ語です。国民のおよそ九割がイスラム教徒で、あと一割がヒンドゥー教徒です。

バングラデシュにはコックスバザールという世界でもっとも長い海岸があって、世界中からサーファーが集まってきます。世界遺産のシュンドルボン国立公園には、すばらしいマングローブの群生地帯があります。シュンドルボンとは、ベンガル語で「美しい森林」の意味、その名のとおりの美しいこの場所には、有名なベンガルトラが生息しています。こうした自然の魅力をアピールして、もっとたくさんの人にバングラデシュを訪れてもらいたいと願っています。

このあいだインドから、妻と息子が日本に来ましたので、いっしょに江ノ島へ行き、鎌倉をめぐり、山下公園を歩きました。東京へ出てお台場や東京タワー、皇居の方まで足を伸ばしました。

研修プログラムの一環としてですが、広島や京都、長野へも行きました。今度の一〇月には、大学の先生の引率で二〇名の学生と共に福島へ行く予定です。バングラデシュもサイクロンや津波といった災害にみまわれることがありますから、復興のために何が必要なのかといったことを三泊四日のあいだに見て、考えてきたいと思います。

妻が長めの休暇を取れることがあれば、日本に呼んで家族いっしょに生活したいです。来年三月に大学院を修了して帰国し、再びダッカの歳入庁での職務に戻ります。その後は、オーストラリアかアメリカか、カナダ、あるいは日本で、大学院の博士課程入学に挑戦するつもりです。（二〇一二年九月、取材）

日本を楽しみながら技術研修生として土木工学を学ぶ

アル・バルコウリー・ハッサンさん［リビア］

一九八三年、リビアのセブハー生まれ。二〇一一年八月に来日。神奈川県海外技術研修員として慶應義塾大学湘南キャンパスで土木工学を学んでいる（二〇一二年現在）。二〇一三年三月まで滞在予定。滞日一年四か月。

日本の技術と文化を勉強したい

リビア中部のセブハーという町で生まれました。首都トリポリの高校を卒業後、故郷に戻って大学で土木工学を学びました。その頃から日本のテクノロジーに魅了され、日本へ行くことを夢見ながら日本に関する本を読むなどして準備をしていました。

大学を出て政府機関で土木技師として四年間勤務したのち、インドネシアの大学院に留学、そこで土木工学の修士号を取得しました。その後、政府機関に復帰したところでＪＩＣＡからの推薦により海外技術研修生のテストを受けて合格しました。リビアにはない新しい技術や日本の文化について勉強して、多くの知識を得たい気持ちでいっぱいでした。念願がかなって日本に着いたとき、夢を見ているようでした。自分が憧れの場所の土を踏んでいることが信じられませんでした。

一か月後に、楽しみにしていた日本語の授業が始まりました。私はそもそも新しい言葉の勉強をするのが好きです。とはいえ、日本語では漢字・ひらがな・カタカナという三種類の文字があり、文法についてもかなり難しいのではないかと身構えていました。ところが先生の教え方がうまくて、日本語の学習をわかりやすく楽しいものにしてくれました。おかげでひらがなとカタカナを書けるようになりました。自分にとって、このときの日本語の授業は忘れがたいものになりました。

住居は横浜市旭区の二俣川にある神奈川県国際研修センターです。ウズベキスタンやカンボジア、エクアドルから来た私と同じような研修生や、韓国や中国からの留学生などもいます。国際色が豊かで、センターの交流イベントなどを通してさまざまな国の文化や日本での生活について知ることができます。とてもいい経験ができるこの機会に、世界各国の友達を作りたいです。センターでは、さまざまな日本文化の体験ができます。浴衣を着せてもらったときは、自分が侍になったようで気に入りました。リビアにいる家族へのお土産に、浴衣を買って帰ろうと思います。センターでは他に、茶道と和太鼓の体験もさせてもらいました。和太鼓は一週間練習してセンターの交流イベントで披露しました。太鼓に張ってある皮はリビアの太鼓と同じでしたが、リビアの方は両手で打つのに、和太鼓は二本の棒を使うので初めての体験でしたが、とても面白かったです。

来たばかりの頃は、食べ物に苦労しました。私はイスラム教徒なので、友達やセンタースタッフとの外食の際には気をつけなくてはなりません。私のためにハラールフード探しを手伝ってくれたスタッフや研修先の慶応大学のみなさんは、もはや日本の親友です。とても感謝しています。パキスタンの食材を扱うお店を重宝していますし、学食やシーフードレストラン、サイゼリヤなどを利用して、今では食生活に困ることはありません。

イスラム教徒の習慣は、日本人には馴染みがないかもしれません。私たちはイスラムの聖地メッカの方角へ礼拝をするのですが、一日五回、季節によってずれはあるものの、早朝、正午過ぎ、午後遅く、日没後、就寝前に礼拝を行います。礼拝の前にはウドゥというお清めの行為があって、右手と左手を順番に洗い、口、鼻、顔全体、右腕、左腕、頭、次に右の耳、左の耳、最後に右足の指、左足の指、くるぶしを洗い清めます。人前で裸を見せてはいけないので、日本の公衆浴場や温泉には入れません。リビアでは、息子や娘が一〇歳以上になると家でいっしょに入浴はしません。

私は来年の夏に結婚するのですが、婚姻に関してもさまざまな取り決めがあります。結婚前にはフィアンセであってもふたりだけで歩いてはなりません。結婚式は男性がプランを立て、お金もすべて男性が出して、一週間にわたって祝宴を続けます。家庭において、男性の力が日本よりもっと強いと思います。一夫多妻制を支持する男性も中にはいます。女性から離婚を言い立てることは許されていません。

リビアでは日本製品への信頼が高い

留学やビジネスで今までにインドネシアやマレーシア、エジプト、トルコ、マルタ、チュニジアへ行ったことがありますが、日本はまったくの別世界です。日本で誰からも親切にしてもらったことが深く印象に残っています。心から日本の人達を尊敬します。

リビアでは、トヨタやソニーなどの日本製品は高価ですが、品質が良いので広く信頼を得ています。日本の技術の高さに関心を持つ私は、休日にセンターでのイベントがなければ、一人で街を歩いて高層ビルを見て回ったり、ヨドバシカメラの店内を巡って、見たことのない技術が搭載された製品を探したりして楽しみます。

趣味はサッカー、ビリヤード、乗馬もします。リビアでは、時間と場所によって砂が金色に輝く広大な砂漠がありますので、この砂漠のドライブが大好きです。

年末に、雪をかぶった富士山を遠くから眺めてきました。きれいで驚きました。リビアにはああいう山はありませんが、雪が降ったことがあります。一九八八年と二〇〇五年にたくさん降って、積もった雪のために地面も山も真っ白になったことを記憶しています。

私は来年の三月に卒業を控えています。卒業後は日本とリビアが協力関係を持つ会社、リビアを成長させる新しい事業に携わりたいと考えています。（二〇一二年一二月、取材）

いつか、私の国に本当の民主化をもたらすために

イッサさん［カメルーン共和国］

一九六〇年生まれ。二〇〇七年から二年間、東京工業大学大学院修士課程で学ぶ。二〇一二年九月に二度目の来日。東海大学大学院の博士課程に在籍。二〇一四年九月まで滞在予定。滞日通算三年六か月。

湖の爆発を抑えるプロジェクトに参加

一九八四年、カメルーンの大学を卒業して国家公務員として勤めていたとき、マヌーンという湖の「中から」爆発が起こり、三四名もの人が亡くなりました。そして一九八六年、今度は北西にあるニオスという湖で同じような爆発が起き、一七三五人もの人々が命を落としました。この災害で、湖周辺から避難を余儀なくされた住民たちは、今もなおかつて住んでいた場所に帰還できていません。

カメルーンには火山が多数あります。爆発したふたつの湖は世界でも珍しい火口湖で、火山活動によって湖底に溜まった大量の二酸化炭素が突然湖面に噴出する、「湖水爆発」という現象が起こった

のでした。ニオス湖ではこのとき一六〇万トンもの二酸化炭素が大気中に一気に放出され、人々の死因のほとんどが窒息によるものでした。あまりにも恐ろしい出来事です。再発をなんとしても防がなくてはなりません。どうすれば湖内の二酸化炭素をコントロールできるのか。世界各国の専門家たちによる調査が行われ、二〇〇一年にはこのガス爆発を抑止しようと、日仏米の科学者たちによるプロジェクトが考案されました。私はこのプロジェクトに参加し、ガス爆発の原因究明や解決策の研究に携わってきました。

そしてこのたび、日本のJST（科学技術振興機構）とJICAが共同で実施している、SATREPS（地球規模課題対応国際科学技術協力）の募集に応じ、すばらしい技術を持つ日本人研究者から学ぶために日本へ来ました。来たばかりの頃は東京工業大学の大岡山キャンパスの近くに住んでいました。一年ほどすると友達も増えたので、家に友達を招き、椰子の油を使ったカメルーン料理を振舞ったりしました。

現在は東海大学大学院のキャンパスまで徒歩一〇分の所に住んでいます。行き帰りが楽なので、平日は朝から夜までずっと研究室ですごしてしまいます。休日はキャンパス内のジムでフィットネスに励むか、屋外でサッカーを楽しんでいます。休日の夜は、研究室の先生や外国人の研修生仲間と連れ立ってあちこちへ出かけています。近くの本厚木や海老名が多いですが、ときどき新宿まで足をのばす日もあります。そして歌います。じつは、こちらへ来てすっかりカラオケにはまっています。

休暇を利用して日本国内を観光しました。研究や調査の一環で出かけた場所を含めると、けっこういろんな所に出かけています。北海道ではタンチョウヅルを見ました。研究調査も兼ねてですが、アトサヌプリ（硫黄山）という活火山を歩いたこともあって、噴気が上がっている様子を間近で体験して、美しい硫黄の結晶も見ました。

以前から、世界の歴史と文化に興味があります。高校時代、世界史で第二次世界大戦のことを勉強したとき、ヒロシマに次いでナガサキに原爆が落とされたことや、知覧という場所から特攻隊員が飛び立っていったこと、そういうことが記憶に刻まれています。それで、九州を旅した機会に知覧を訪ねて、特攻隊員の遺品や、最後の夜をすごした寝場所をこの目に焼き付けました。今は平和なこの土地から、かつて若い人達が特攻隊員として国のために死を覚悟して戦場に向かって行ったことを思うと、涙が溢れて止まりませんでした。

伝統を守りながらの発展を実現したい

カメルーンと日本では、言葉も文字も違います。だからこそ文化も大きく違うのだと思います。

日本で警察官から名刺やＩＤカードの提示を求められたことがありません。安全な国だからでしょう。物価は高いですが、総じて生活水準が高い。同じように発展を遂げた多くの国は、いつの間にか自分たちの伝統などを忘れてしまうものですが、日本はそうではない。神社やお寺があちこちにあり、年始には初詣のお参りをする、夏にはお祭りが開かれる、そのどちらでもきものを着ています。自国の伝統を守りながらも、経済的発展にも成功している国だと思います。

カメルーンも近年、かなりの発展を遂げつつあるものの、若い人達は教会へ足が向かなくなってきています。昔はあたりまえだった、老人に席を譲ることも彼らはしなくなりました。カメルーンには約二五〇の部族がいます。砂漠や沿岸部、熱帯雨林などいろいろな所で、それぞれが独特の文化を築いていています。民族同士で争いはなく、平和に暮らしています。公用語はフランス語と英語。参政権は一七歳からです。一九八二年から現在まで、ずっと大統領が変わっていません(ポール・ビヤ大統領。二〇一八年の選挙でも当選し、現在七期目)。市民の間には変革を望む声も高まっているのですが、なかなかかなわず、民主国家としてはまだまだだと感じています。

爆発を起こした二つの湖では三〇年近く経った現在でもなおガス災害が懸念されています。じつは明日、私の指導教授とともにカメルーンに向かいます。日本人の研究員達とカメルーンで合流し、二つの火口湖の爆発を起こした現場に出かけ、調査と観測をしてきます。

日本で博士課程を卒業したら、国に戻るつもりです。日本で学んだ技術を大学で若い人達に伝え、指導にあたります。それがいつか国の発展に繋がれば嬉しいのですが。だいぶ先ですが、六〇歳で政治家になり、大統領になることをめざします。カメルーンに、本当の民主化をもたらしたい。夢は大きく持った方がいい、実現に向けて突き進むためのエネルギーが湧いてきます。(二〇一三年三月、取材)

驚くほどの親切心に二度も遭遇しました

モハンマド・シャハタさん［シリア・アラブ共和国］

一九八〇年、シリアのアレッポ生まれ。二〇〇九年に四度目の来日。二〇一一年横浜国立大学大学院修士課程修了、日本企業の海外人材リクルーターとして働いている。滞日四年。

行ってみたい国、日本

僕が生まれ育ったアレッポは、シリアでは首都のダマスカスに次ぐ大きな都市です。日本に興味を持ったきっかけは、高校一年生のときに見たテレビ番組でした。詳しい内容は忘れましたが、そのとき紹介されていた日本の自動車や家電製品の技術の高さとフォルムの美しさに感銘を受けました。それがきっかけで、エンジニアとしてでも、ビジネスのためでも、何でもいいから、とにかく日本に行ってみたいと夢をいだくようになりました。

それから一〇年後、わずかながらその夢が実現しました。当時はシリア国内の大学の機械工学部に在籍していたのですが、四年生のとき日本から文化交流学生として招待され、慶応大学湘南キャンパスに二週間滞在しました。滞在期間はすぐに過ぎてしまい、帰国するとまた日本に行きたいという思いが募りました。

シリアの大学を卒業して、車の部品を扱う会社に勤めました。そこで社長が車の部品を日本から輸入したいというので、いっしょに鹿児島まで行くことになりました。僕は日本に行ったことがあるし、日本語の勉強もしていたからというので、お供にちょうどよかったようです。

社長の運転で、鹿児島から日本各地の商談相手のオフィスを順々に訪ねながら東京まで行き、また鹿児島まで戻るという旅程でした。行きは高速道路を使わず、鹿児島から国道三号線、二号線、一号線に乗って東京まで一五日間かけて行き、鹿児島に戻る際は高速道路を利用したのですが、それでも何かといろいろあって一〇日もかかってしまったので、往復二五日間のドライブになりました。地図を見ながらいろいろな場所へ行き、カプセルホテルにも初めて泊まりました。すごい経験でした。忘れられない楽しい思い出がたくさんできました。

シリアに戻ってしばらくして、世界銀行とＪＩＣＡが募集する日本への奨学金試験に挑みました。かなり難しかったので、合格したときは信じられない思いでした。ついに日本で勉強ができるのだと考えると、嬉しくてたまりませんでした。

入学したのは横浜国立大学大学院の修士課程で、二〇一一年に卒業して、東京丸の内にある今の会社に就職しました。

日本での思い出となると、やはりあの鹿児島からの長距離ドライブがいちばんに甦ります。さまざまな場面で、日本の人に助けられました。商談に向かうために地図は一応持っていたのですが、社長も僕も漢字が読めなかったので、どこをどう行けばいいのかわからないことばかりでした。そこでコンビニエンスストアやガソリンスタンドなどで地図を広げて指で示し、ここへ行きたいのだとゼスチュアをしたのです。あるときには、そんな僕らを目的地まで車で先導してくれた人がいました。往復で一時間もかかる所だったのに。感激してしまいました。そんな経験を二度もしたのです。旅のあいだ、日本のみなさんは本当にびっくりするくらい親切にしてくれました。

漢字名は「謝波多」

僕の名前は「シャハタ」というのですが、日本人に漢字名を考えてもらうと、「感謝の波がたくさん」という意味で「謝波多」ではと。……とても気に入っています。

イスラム教徒の僕は、一日に五回、礼拝をします。禁忌があるので豚肉とアルコール類は口にできません。会社の飲み会では、いつもソフトドリンクです。食生活に関して言えば、日本で暮らし始めた頃は、シリアから缶詰製品や母が作ってくれたものを送ってもらっていました。今は勤務先が東京の丸の内なので、周囲にハラールショップもあって窮屈な思いはしなくてすんでいます。

僕には親族が多くて、一族総勢で四〇〇人もいます。冠婚葬祭ばかりでなく、週末によく会いに行ったりして、親族の絆はとても強いものです。シリアの人達は女性だと一八歳から二三歳のあいだに、男性なら二三歳から三〇歳あたりで結婚をします。僕も早くしたいのですが、結婚適齢期からは外れてしまいそうです。長男なので、シリアで暮らす両親の生活が気にかかります。

シリアは日本と違って建物にエレベーターやエスカレーターが備わっていないことが多いし、交通網もじゅうぶん発達しているとは言いがたい現状です。お店などのサービスや行政によるサポートについても、日本と比べてしまうと便利とは言えません。

シリアには、イスラム教徒でよくイメージされるように、アラブ式の布をかぶった男性や、黒い布で全身を覆った女性もいますが、普通の洋装の人達もたくさんいます。国は教育に力を入れていて、公立であれば小学校から大学まで、学費は無料です。私の時代だと英語は大学から必修だったものが最近はもう小学校の段階から英語を習うようになっています。留学も盛んで、イスラエルを除いて、アメリカでもヨーロッパでもどこへでも好きな所へ行けます。僕のように日本を留学先に選ぶ人もたくさんいます。

あと五年くらい日本企業で働いて経験を積み、日本のビジネスを学ぼうと思います。そしていずれはシリアに戻り、日本製品を販売する会社を経営したいです。（二〇一三年三月、取材）

情報だけではなく、日本を実体験して分かりたい

レファト・タハさん［イエメン共和国］

二〇一一年、一八歳でイエメンから来日。二〇一三年四月、横浜国立大学経営学部二年生となる。アルバイトをしながら、日本の文化、社会にも興味をいだく。卒業後は、日本の企業に就職して、数年間は日本人特有の多忙なビジネスマンを体験したいという。滞日二年。

アニメや雑誌や語学講座で、日本に興味津々

イエメンの首都サヌアに生まれ育ちました。四人兄弟の末っ子です。八歳から九歳の頃に、テレビで日本のアニメを見たことがきっかけで、日本に興味を持ち、好きになりました。アニメのせりふは、イエメンの公用語であるアラビア語に吹き替えられていました。ところが、アニメに登場する「もの」については驚きと「?」の連続でした。たとえば「こたつ?」……どうやってそこに入るの。「おにぎり?」……三角で白くて、上に黒いものがある。食べるものらしくおいしそうだが、不思議。あれはいったいナニ?

雑誌や本から、きものや茶道の文化、経済成長、日本のモノづくりなどについても知りました。イエメンの高校二、三年生の二年間は、週一回でしたが放課後の一時間半、首都サヌアにあるイエメン日本友好協会の日本語講座に通いました。先生は、JICAの日本人、大使館員、日本に住んだことのあるイエメン人です。「よさこい」、「ほうとう」、「寿司」など、伝統や芸術文化、食文化などを体験しながら勉強しました。高校を卒業して大学生になってからも日本への興味が尽きず、大使館、文部科学省の留学希望者への奨学金プログラムに申し込んでみました。するとテストに合格、迷わず大学を休学して大好きな日本に来ました。

「食」の違いはいろいろとあります。お茶といえば、イエメンでは甘い紅茶ですが、日本のお茶は苦い、飲めませんでした。主食はインディカ米を油、玉葱、クミンシード、サフラン、ニンニク、塩、ブラックペッパーなどで炒めて味付けして食べていました。日本の白いご飯は、そのままでは食べられません。寿司はイエメンの友好協会で食べていたので抵抗なく、生の魚もOK。ただし、回転寿司の納豆は未だに苦手。横浜駅東口地下にあるネパールおよびインドの食材店で、インディカ米やスパイスなどを買うことができるので、利用しています。

日本に住んで困ったのは、自転車のパーキングやウォシュレットなどのボタンに記された漢字表示です。どれを押せばいいのか、悩み、迷いました。失敗しながら覚えるしかありません。滞日二年となり、ようやく難しい漢字も理解できるようになりました。

先日は不動産屋へ行き、大学がある市営地下鉄ブルーラインの三ッ沢上町駅近辺で部屋探しをしました。バスとトイレが別々で、ＩＨキッチン、ロフト付き、南向きの部屋を探しましたが、ほとんどがバスとトイレがいっしょで、ＩＨキッチンはありませんでした。結局、教室まで歩いて一五分、南向き、ロフト付きの部屋に決めました。とても快適です。

奨学金をもらっているので、生活での心配はありませんが、日本人の生活や日本人の働く現場を経験してみようと、タウン誌でアルバイトを探しました。留学生ということで、採用条件が厳しかったのですが、ようやく決まって週二日働いています。

携帯電話、保険の契約、市役所への申請など、いろいろな手続きがとても大変でしたが、すべて自分でやりました。北海道、岩手、仙台、関西、関東を旅行し、ホームステイも経験しました。昨年の夏には、友達と富士山五合目に行きました。お酒も飲みますし、カラオケも楽しんでいます。イエメンにいる友とフェイスブックでいつも情報交換していて、新しくなった街の風景や近況などを知らせてきてくれます。

ビジネスマンになることで分かることがきっとある

イエメンは直接の文化です。「暑いですね」と人に言うと、それは「暑い」という意味だけを伝えている。ところが、日本人が「暑いですね」と言う場合、「エアコンをつけてください」という意味を含んでいたりします。この間接文化を理解するのが、なかなか難しいわけです。

日本人は親切で丁寧で礼儀正しい。たしかにそうですが、それは「お願いします」と人から頼まれた場合ではないですか。自分から先に、相手に手を差し伸べるような積極さはないように感じます。

週末に新宿に行きました。人が多く、駅員が外から押す満員電車を見て驚きました。電車の乗り換えが複雑ですが、逆にネットワークがいっぱいなので使いこなせれば便利です。コンビニがどこにでもあって、二四時間オープンしていることもカルチャーショックでした。

赤道に近いイエメンの夏は海岸が暑く、高地になるほど涼しくて景色が良いので、人口の七割が高地に住んでいます。首都サヌアは海抜二三〇〇メートル、動きの激しいサッカーの試合はできません。冬は温度差があり、夜は寒いですが昼間は温かくすごしやすいです。

日本とは直行便があり、イエメンまで一六時間です。今年の夏は二年ぶりの帰国となります。

大学卒業後は、日本の企業で働きます。暇のない勤勉なビジネスマン生活を体験して、国に帰って将来に活かしたいです。（二〇一三年四月、取材）

初の海外、日本で免疫学の博士号取得をめざす

コン・メイ・スェンさん［マレーシア］

一九八九年、マレーシア南部のジョホールバル州都に生まれ育つ。二〇一三年四月、初来日。横浜の理化学研究所、博士課程で免疫学を専攻。滞日はまだ五〇日だが、日々、調査・研究・実験に専念する。

アニメやコミックが、日本を知るきっかけに

首都クアラルンプールから南へバスで四時間のジョホールバルで生まれ育ちました。一〇歳の頃から、日本のアニメやコミックをテレビや本で見たり読んだりしていました。マレーシアの若い学生の多くは『美少女戦士　セーラームーン』、『ドラえもん』、『ドラゴンボール』、『クレヨンしんちゃん』、『ガンダム』、『ワンピース』、『ファイナルファンタジー』シリーズなど、日本のアニメ、コミック、ゲームに関心を寄せています。

大学生活をしたケランには日本の企業があって、日本人が多く暮らしていましたから、日本の文化

に触れる機会もありました。大学では生物学を学び、卒業後はオフィスとクリニックで働き始めていました。そんなある日、日本の理化学研究所からの奨学金のことを知りました。挑んでみると運よくパスできました。申請が長引いたので予定より遅れましたが、調査や研究の高度な技術がある日本に来ることができました。

今住んでいる横浜市国際学生会館から理研までは自転車で一〇分ほど、とても便利です。理研にいるマレーシア人の先輩が、本社のある和光市のほか、新宿、明治神宮、銀座、東京、高田馬場などいろいろな所に連れて行ってくれました。言葉については、研究と生活のどちらの場も英語ですごしています。マレーシアで日本の文化にも少し接していたとはいえ、海外生活は初めて。日本で暮らし始めて、自分の目に入ってくるものは、何もかもが新鮮です。

マレーシアは多民族、日本は羨ましいほど独特

日本はロボットなど科学技術がとても進んでいます。そして、日本の人々は、礼儀正しく、上品で謙虚です。先日、年配の方に英語で何かを訪ねようとすると、すっと立ち去ってしまいましたが、全体的には親切で好意的な人が多いように思います。

マレーシアは、人口の八〇%を中国系の人、マレー系の人、インド系の人が占めています。そのほかにもいろいろな民族が暮らし、それぞれが異なる言語で話す多民族社会です。宗教、お祭り、儀式

もおのおのが違ったスタイルでしますから、エキゾチックな文化で満ち溢れています。公用語はマレー語、英語、中国語、タミル語の四か国語です。英語は学校の授業科目にあるので、ほとんどの人が話せます。新聞、テレビも四つの言語で発行され、放送されています。このような環境で二三年間育った私には、「日本」がとてもユニークで特別です。どこへ行っても、日本人はみな日本語だけで話し、日本独自の文化を持っている。とても羨ましく、日本に強く惹かれる理由です。

食については、鮭が大好きで、生の魚も食べられます。もちろんお寿司も大好き。そうそう先日、アサヒビールを飲みました。マレーシアのビールよりおいしいですね。マレーシアではビールは一般的ではありません。結婚式や新年などの特別なお祝いの日にワインやビールを飲みますが、パーティでは水、お茶、ジュースなどソフトドリンクが普通です。日本酒はまだ飲んだことがありませんが、養命酒は子どもの頃に飲んでいました。でも、身体にはアルコールはない方がいいと思っています。

一三歳から家族の食事作りをしていましたし、ケランの大学時代は一人の生活でしたから食事作りは慣れています。日本に来てからも毎日お弁当を作っています。

将来はマレーシアの政府機関か大学の研究職をのぞむ

マレーシアには火山がなく、地震も温泉もありません。公衆浴場もないので、日本の温泉にとても興味があって入ってみたいのですが、裸にならなければいけないというのは、ちょっと考えられません。

温泉に入ることは無理そうですが、いつか日本で一番高くて有名な富士山に登ってみたいです。

日本とマレーシアの時差は一時間です。電車ではなく便利な長距離定期バスが走っています。

生まれ育ったジョホールバルは大きな街ですが、大学が一つしかありません。私が通った大学があるケランは、クアラルンプールに近く、人口が首都に次ぐ二番目の大都市（一一三万人）です。東芝、サムスンなど外国企業があり、大学には日本語コースがあります。日本人が多く暮らし、日本文化祭がありました。盆踊りもよく見ました。子どもの日には鯉のぼりを見ることもできました。セブンイレブン、西友、ダイソーがあります。お寿司を初めて食べたのも大学生の頃、わさびが大好きになりました。

二〇一五年には、母と弟を日本に呼ぼうと計画しています。免疫学の分野で博士課程を修了した後、講師の資格を取得してマレーシアの政府機関か大学で調査研究に携わり、講演や指導をしたいです。また、マレーシアには研究機関があまり多くないので、シンガポールで調査員、研究者として働きたいとも考えています。仕事に就くと忙しくなるでしょうから、その前にいろいろな国を旅行したいです。（二〇一三年五月、取材）

日本人について、日々思うことあれこれ

シミ・タンビさん［インド］

一九八九年、インド南部で生まれ、北部の首都デリーに移る。デリー大学の修士課程を修了し、二五歳の現在は、横浜国立大学大学院博士課程、経済学部国際社会研究科二年生。日本の経済成長と、めざましい発展に興味をいだく。滞日二年。

修士論文のテーマに「日本経済」を選ぶ

インドでは、イギリスやアメリカに興味を持つ学生が多いのですが、経済成長という点では、アジアの中で日本がいちばんです。私は、歴史のあるデリー大学で学びました。大学には一九七八年から東アジア研究科が設けられていて、教授はインド人ですが、日本語がペラペラです。私は中国、韓国、日本のことを学び、修士論文のテーマは「日本経済」でした。

日本に初めて来たのは二〇一〇年夏、上智大学への短期留学のための二か月間でした。修士課程を経て、何か新しいことをしようと、文部科学省のスカラーシップに応募したところ、幸運にもパスし、

二〇一一年一〇月に再度、日本に来ました。鶴見にある横浜市国際学生会館に住んで、横浜国立大学大学院に通っています。

朝食はパンですが、先月、両親が日本に来たときに色も大きさも違った一〇種類の豆を持ってきてくれたので、その豆を使ったカレーを作ります。ご飯は右手の指を使って、おいしくいただきます。日本食では、うどん、天ぷら、みそ汁が好きです。

日本に来た年には、三歳の女の子、八歳と一〇歳の男の子がいるホストファミリーと何度かすごしました。お正月には、その家に祖父母もやって来て、おせち料理をいっしょに食べました。三月には、ひな祭りをしたことも印象に残っています。

上智大学で学んだ二か月の短期留学と、その後の一年間が、よく学び、よく遊んだ時期でもあります。二二歳のときには、富士山の五合目から登り、高山病になって、少し歩いては横になることを繰り返しました。日本政府主催のプログラムに参加し、能や歌舞伎、北海道の雪祭り、京都にも行きました。デリーの冬は最低でも三度くらいなので、北海道の冬はとても寒かったです。そのとき初めて旅館に泊まりました。両親が初来日したときは、いっしょに広島や鎌倉に行きました。最近では、ランドマークタワーの展望台に上りました。

週二回、水泳をします。日曜日は、自転車で一〇分、鶴見の日本キリスト教会に礼拝に行きます。今いちばん忙しいのは、もちろん勉強です。授業のあるときは朝から晩まで学校ですごします。父は軍隊、母は大学で経理の仕事で忙しかったので、忙しいのも、勉強をすることも好きです。

日本人はプランを立てる期間が長すぎる！

日本人は電車の中で居眠りをしていても、アラームを使わずに降りるべき駅で目を覚まします。自ら行列を作る態度もすばらしい。また日本人は、本音と建て前が違うようです。そういえば、「すばらしい」と褒められても、本当はどうなのだろうと疑問に感じる場合があります。インド人は心と表現に違いはなく、ストレートです。

プランを立てる期間が長すぎるのも、日本人の特徴ではないでしょうか。インド人は一、二か月前に計画を立てるのが普通です。今、大学のゼミがそうなのですが、一〇か月も前に計画を立て、そのとおりに実施しています。急に状況が違ったら、どうするのですか？　たとえば、五分や一〇分のとっさのスピーチの要請などでも、インド人なら平気でこなします。ところが日本人は、間違ったら恥ずかしいという。いつも準備万端、計画どおりにするというのもすばらしいことですが、急な事態への対応力も備えておきたいですね。

インドでは一八歳が成人と認められ、車のライセンスを取得する資格、選挙権を持ちます。成人式はありません。日本の成人男性は普段静かでシャイですが、お酒を飲むと大声になり、人が変わります。酔っ払うために飲むのですか、理解できません。

インドでは人が集まって飲むだけではなく、ダンスをしたり、話したり、いっしょに楽しみます。日本のクリスマスはカップルのためだけにあるみたいですが、インドは違います。私は教会で歌や楽器を習っていたので、仲間がたくさんいてクリスマスの二か月前から聖歌隊の練習やコンペティションがあり、二四日のイブはずっと家族と共に自分達の教会で、クリスマスの劇、話、歌を楽しみます。

インドではヒンズー教徒が八〇％で、仏教徒はイスラム教徒、キリスト教徒、シーク教徒より少なく、わずか〇・八％です。プロフィールにカーストが書かれたお見合いのためのオリコミが新聞サイズで三から五ページ、週一回、日曜日に入ります。恋愛結婚は少なく、八〇％以上が見合い結婚です。ヒンズー教にまつわる身分制度のカースト制は結婚にまだ壁として根深く残っていて、この点が「デリーは都会ではない」と感じる要因でもあります。

デリーの人は、厳しい競争社会で、なかなかいい仕事に就けません。生きるためには勉強することがあたりまえと考えて、資格を持つ人、修士の人も多いです。インドでは「国のため」と、子どもを産んだ女性の多くが仕事を続けます。日本は物質的に豊かなので、あえて冒険する必要もないと思うのでしょう、出産後は仕事を辞める女性が多いようですが、仕事は続けてほしいです。

二〇一五年九月に卒業予定です。卒業後はヨーロッパかアメリカで、教師や研究員として四〇歳まで働いてみたいです。その後は、国かＮＧＯで活躍したいと考えています。（二〇一三年一月、取材）

第3章

きもの、寿司、尺八……2014—2016

日本の食べ物や全国各地の文化について話してくださった方もたくさんいらっしゃいます。カメルーンのフォクワ・テワ・ジョセフ・エリック・さん、ボスニア・ヘルツェゴビナのアレクサンダー・ニコリッチさんほかのみなさんです。ウクライナのオクサーナ・ビスクノーワさんは、日本の「きもの」について熱心にお話しくださいました。「母国エジプトは古代文明発祥の地です」とおっしゃるハッサム・アベシルドさんは、琴や尺八に関心を寄せています。

漢字がある日本は暮らしやすく人々はマナーが良くて親切

王丹丹さん［中華人民共和国］

取材時三五歳。遼寧省瀋陽に生まれ育つ。遼寧省人民病院で、臨床検査技師として一四年間、主に血液検査などの仕事にあたる。二〇一三年度の神奈川県海外技術研修員として来日。一か月間の日本語研修の後、この年の一〇月から磯子区にある横浜市衛生研究所で専門研修を受ける。滞日五か月。

血液検査の最先端技術を学ぶ

血液に関する試薬、ウイルス研究のための機械、血液検査技術など、日本はとても進んでいて、すばらしいと思います。二〇一四年一〇月には、私が勤務する遼寧省の病院の敷地内に、新たに大きな血液専門分野の病棟が完成予定です。そこで、専門の技術をさらに高める必要があると、遼寧省からの推薦を得て、技術研修員として日本に来ました。

横浜市旭区にある神奈川県国際研修センターの宿舎にいます。月曜日から金曜日は七時二〇分に起きます。磯子区滝頭にある横浜市衛生研究所に通っていて、血液検査技術などの研修を受けています。研究所まではバスと電車を四回乗り継ぎ、一時間半かかります。夕方五時過ぎまで、研修が続きます。

朝食はパンかお粥です。お粥に小豆を入れたり、野菜を入れたりします。ティーカップ三分の一くらいのお米にカップ五杯の水を入れ、炊飯器で二〇分。漬物も手づくりします。食材は、相鉄線の二俣川にあるドンキホーテで毎日買います。安いので、よく利用しています。中国の調味料も日本で不自由なく買えます。料理が大好きなのです。忙しくとも、食事作りを楽しんでいます。

遼寧省にある日本料理店で食べたラーメンやうどんは、中国人向けの味に変えていたようで、日本で食べるラーメンやうどんの方が私にはおいしく感じられます。

私は五人姉妹の四番目で、五番目の妹とは双子です。三年前、母と姉妹と私の四人で日本に来たことがあるので、今回が二回目です。来たばかりの二〇一三年八月、京都旅行の途中で富士山を見て、とても感動しました。

今年のお正月は、親戚の家がある山梨県の石和温泉へ行きました。ご主人は日本人です。私は日本語がうまく話せませんから、研究所の先生に相談すると、パソコンで調べて切符も用意してくださいました。横浜から石和温泉までの電車の行き方、乗換え駅などがわかるように記された先生からのメモを頼りに、ひとりで行くことができました。

週末はショッピングに行ったり、研修センターの交流イベントに参加したり、一か月に一回は日本語の勉強をしています。

「ありがとう」、「お疲れさま」の声が嬉しい

日本人は親切です。わからないことを問うと、丁寧に説明してくれます。また、買い物をすると、お店の人はお金を受け取りながら、こちらの顔を見て「ありがとうございます」と言ってくれます。日本のサービスがいちばんいいと感じています。五時過ぎになるとバスが混むため、横浜市衛生研究所の研修を終え、急いで帰ろうとしている私に、「お疲れさま」の言葉も嬉しいです。

二〇年も前に日本で研修を受けたことのある同僚が、「日本語が話せなくても漢字が書けるから暮らしやすいし、日本人は親切で、お店のサービスもいい」と思い出を話してくれました。聞いていたとおり、本当でした。

横浜駅はいつも人がいっぱいいますが、うるさくありません。どこでも日本人は静かです。バスや電車の中で本を読んでいる人もいます。駅のプラットフォームやバス乗り場では、みんなきちんと並んで待っています。これはとても良いことです。そして日本では電車は定刻、バスもすぐに来ます。

中国では、みんなが大きな声でよく話すので、どこもうるさいです。乗り物の中でも携帯電話で通話している人がいます。乗車順もめちゃくちゃです。やっと来たバス一台にみんなが乗ろうとします。時間ぎりぎりに来た人も、待っている人がたくさんいようと、自分が乗り損なわないよう、われ

先にと来たバスに乗りこもうとします。順番なんて関係ありません。人をかき分け、乗った人の勝ちです。もちろん、文句を言う人はいます。ルールはありますが、みんな守らないのです。

遼寧省人民病院までは私の家から約二〇分、いつも自家用車で通っていました。病院は八時スタートなので、七時くらいに家を出て、早めに着いて準備をします。患者さんはもっと早く来ています。

日本と違って、遼寧省の公衆浴場は男女いっしょですが、裸ではなく水着を着て入ります。露天風呂は夏のみです。冬はとても寒くて、マイナス二七度にもなり、雪がたくさん降ります。日本の温泉に入ってみたかったので、裸になるのに抵抗がありましたが、勇気を出して入ることができました。

遼寧省は土地が狭いです。多くの人が住めるように高いビルやマンションが林立し、低い建物はあまりありません。なので、東京や横浜の高層ビルを見ても、びっくりしませんでした。

国に帰ったら結婚します。ひとりっ子政策ですが、子どもはふたり欲しいです。遼寧省市民病院に戻って、秋に完成する最新設備が整った血液専門分野の新病棟に移り、日本で学んだ最先端の血液検査技術を生かして働きます。（二〇一四年一月、取材）

母国からの手厚い支援で「日本学」を広く深く

ヒラルスカ・カヤさん［**ドイツ連邦共和国**］

取材時二五歳。ドイツで学んだ「日本学」の研究を深めるため、四年前の二〇一〇年に来日して、同志社大学へ半年間留学。二度目の来日は、二五歳のとき。フェリス女学院大学大学院で学ぶ。きれいな日本語を流暢に話し、精力的に研究に取り組む。滞日通算一年五か月。

裸で温泉、銭湯デビューも

ポーランドで生まれ、ドイツに移住しました。日本の文化や歴史はもちろん、ポピュラーカルチャーのアニメをよく見ていました。日本のマンガにも興味があります。

大学では「日本学」を専攻しました。日本の歴史、社会、宗教、言語学など、幅広く勉強していくうちに、ヨーロッパと大きく異なる魅力的な「日本」をもっと勉強したくなり、京都の同志社大学に半年間留学しました。それから三年後の二〇一三年四月には、デュッセルドルフ大学大学院から横浜市泉区にあるフェリス女学院大学大学院に留学中です。

四年前の最初の留学ではホームステイし、日本文化体験カリキュラムに参加しました。ホストファミリーの父親は会社社長、母親は専業主婦、小学二年生の女の子と二歳の男の子がいる四人家族です。淡路島や熱海の温泉に連れて行ってもらいました。ドイツにも温泉はありますが、水着で入ります。日本の伝統文化に憧れるなら、裸で入るのが恥ずかしいなんて言っていられません。勇気を出しました。温泉にはお年寄りが多く、まわりの人も裸であることを気にしている様子はなく、ホッとしました。こうして素敵な家族と半年間、日本語を使って日本の暮らし方を学びました。

そういえば、マンガ『テルマエ・ロマエ』を映画化したDVDを見ると、大衆浴場に裸で入っていますので、銭湯にもチャレンジしました。三分ぐらいためらいましたが、みんな気にしていなかったので、思い切って銭湯デビューもしました。ウチ風呂の作法のように、先に体を洗って浴槽につかる日本の入浴スタイルはいいです。

日本文化体験カリキュラムは、京都の酒づくり見学、神社へのハイキング、裏千家の茶道、生花ワークショップを選び、参加しました。煎茶はそのままでも飲めましたが、抹茶は苦いので和菓子を食べてからに。ドイツにも甘いものはたくさんありますが、味も材料も違います。初めての和菓子はとてもおいしいものでした。

大学の授業を第一に、幅広く日本を知りたい

今は相鉄線の湘南台にある学生寮で自炊生活をして、週四回、緑園都市にあるフェリス女学院大学大学院に通っています。来日直後から、本社がドイツにあるドイツ人経営の日本の子会社（東京・新橋）で研修生として働いています。省エネに関するドイツ語を日本語に翻訳する仕事です。仕事は週一回ですが、八〇ページを一か月程で翻訳しなければならず、土・日は家に持ち帰って進めます。大学で学ぶ「日本学」とは異なる分野の仕事ですが、日本語の勉強の範囲が広がると思い、奮闘しています。

今の私にとってもっとも大切なこと、それはフェリスの授業です。授業では、積極的に質問するようにしています。勉強は小さい頃から大好き、興味を持ったことを夢中になって調べるなど、より深く学ぼうとする習慣はずっと変わりません。

ドイツとポーランドの国籍を持っていますから、この二か国語と英語、そして日本語の四つをマスターしました。日本語能力試験の一級に合格していますが、日本文化をより理解するためにも教科書の勉強とは違った幅広い日本語の勉強がしたいですね。たとえば、いろいろな話し方をする若者の言葉を、マンガから、アニメの声優から、ドラマの俳優や歌から、その抑揚や発音、表現にいたるまで、注意深く聞き取って学んでいます。

授業で日本の学生と留学生でディスカッションをすると、日本人の学生は意見をはっきり言う人は少ないと感じます。ドイツでは授業中に何も言わなければ口述の成績はC、勉強の成績は四〇％評

価なので、勉強がAでも総合の成績評価は低くなります。自分の意見をみんなの前で言うことがいちばん大切なことです。

オフィスはバタバタと忙しく、ラッシュ時の新橋駅や横浜駅では人が多く、乗り換えのために走る人もいます。乗り込んだ満員電車内では、小声で話し、電話はできないので静かで落ち着いています。電車はいつも時間通りに動いていて、プラットフォームの決まった位置に停まります。ドイツでは音楽を聴く人がいて、話し声も大きいので電車内はうるさいです。それに電車がどの位置に停車するかわからないので、乗客は走って行きます。なので、日本の鉄道が大好きです。だけど、運賃がちょっと高い。それと、お弁当は日本の文化の素敵なところです。印象に残りました。ドイツに戻るとさっそく、自分でお弁当を作り、お箸を持って大学に行きました。お弁当をお箸で食べる私は、クラスメイトから珍しがられます。

今回の留学に必要な費用全額が、ドイツ学術協会から出ています。「努力が報われる」を実感しています。支援してくれる母国ドイツを誇りに想い、感謝しています。

マンガ『あの日からのマンガ』、『地球防衛家のヒトビト』、『海辺の村』（しりあがり寿著）を読んで修士論文は「マンガにおける福島災厄」に決めました。博士課程に進んで研究を続けるか、日本語を生かした仕事に就くか、思案中です。（二〇一四年二月、取材）

五人きょうだいが標準で、小学校でも落第が！

フォクワ・テワ・ジョセフ・エリックさん［カメルーン共和国］

取材時三一歳。カメルーンの都市ドゥアラに生まれる。二〇一三年春、三〇歳で初めて日本へ。横浜国立大学大学院、インフラストラクチャーマネージメントの修士課程で学び、二〇一五年の修了をめざす。滞日一年。

母国の政府機関で働き、日本へ研修留学

カメルーンの首都ヤウンデから西に三〇〇キロ、カメルーンの海の玄関口、経済と商業の都市ドゥアラで生まれました。父はエンジニア、母は看護師です。父の仕事の関係で国内のいろいろな地域で暮らしました。大学は、メディカルエンジニアを勉強するため隣国のナイジェリア連邦共和国に五年間留学、卒業後はガーナ共和国の大学院に二年間留学し、修士課程を修了するとカメルーンに戻り、首都ヤウンデの政府機関で働き始めました。ここは、日本のＯＣＤＩ（国際臨海開発研究センター）とＪＩＣＡ（国際協力機構）の技術援助機関および世界銀行の支援を受けていて、勤務先の政府機関から

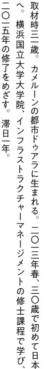

二年間の日本研修留学の辞令が出ました。

アジア圏では上海に行ったことがありましたが、日本は初めてです。二〇一三年四月、横浜国立大学大学院に入学しました。最初の一年間は横浜市南区の市営地下鉄弘明寺駅から徒歩三分の横浜国立大学大岡インターナショナルレジデンスに住みました。新築間もないきれいな建物の一階のキッチンダイニングからは和風の坪庭が眺められ、とても快適でした。ここを拠点に毎日、朝八時から夕方七時頃まで大学ですごしました。大学までは地下鉄と徒歩で四〇分くらいと近く、便利でした。時間があれば、桜木町、みなとみらい、伊勢佐木町、蒔田や鎌倉へも出かけました。

家賃が高かったことから、二年目は横浜市鶴見区の横浜市国際学生会館に移りました。今度は大学へも電車の乗り換えがあり、一時間半くらいかかります。ただし、昨年と違って大学へ行くのは週二、三回です。家で勉強したり、レポートを書くことが多くなったので、あまり不便を感じません。大学でサッカーをしたり、住んでいる学生会館の地下にあるジムで卓球やバスケットをしてリフレッシュしています。

食べ物・旅行・言葉のことなど

日本の食べ物については、面白いものがあると感じています。カメルーンにも牛丼に似たようなものがありますが、味が違います。日本の牛丼もおいしいです。ビールも飲みます。大学のセミナーで名古屋、神戸、大阪、京都など関西にも行き、先生のおごりで「フグ料理」をご馳走になりました。びっくりするほど薄く切られ、きれいに並べられたフグの切り身を鍋に入れたり、刺身で食べたり。とても興味深く、おいしかったです。

東京へもときどき出かけます。ＩＡＰＨ（国際港湾協会）がある港区、ＯＣＤＩがある千代田区などです。北海道と沖縄にはまだ行っていないので、ぜひ行ってみたいです。昨年の夏休みは韓国、シンガポール、マレーシア、ワシントン、サンフランシスコ、ボルティモア、ペンシルバニア、ニューヨークへワーキングセミナーで出かけました。カメルーンの家族とも合流して観光も楽しんで来ました。

大学や日常生活は英語ですが、最近では週一回、一時間半ほど日本語を習っています。挨拶をはじめ、少し話せるようになりました。ひらがなを書けます。

多民族国家のなかで三か国語を話す

日本人は謙虚で優しく、好意的。礼儀正しいし上品です。とても規律正しい人々だと感じています。都市は安全性が高く、交通の便がよい。日本の技術のたまものですね。インフラストラクチャーがすばらしい。カメルーンでは、安い中国企業の製品の人気が大衆に広まっています。私も中国の進出をありがたく思っていますが、日本の技術がもっと活躍してくれることを願っています。カメルーンでは道路は狭いですが、トヨタ、ホンダの車やバイクが走っています。鉄道は少なく、多くの人は公営バスを利用します。

カメルーンの子どもは、六歳から一一歳まで義務教育とされる小学校に通います。授業料は無料です。小学校でも成績や出席率が悪ければ落第があります。小学校修了テストに合格しないと、中学には進めません。

カメルーンの公用語はフランス語と英語です。二五〇以上の多民族国家なので、家に帰れば自分たちの民族言語で話します。高校ではスペイン語かドイツ語を選択します。私はスペイン語を選択したのでフランス語、英語の三か国語が話せます。ドイツ語が少し、でも日本語は難しいです。

私は兄が二人、妹が三人の六人きょうだいですが、カメルーンでは五人くらいが標準です。平均的結婚年齢は、男性三〇歳、女性二五歳。私はナイジェリア、ガーナ、カメルーン、日本などでの仕事や留学で、結婚が遅れています。カトリックのクリスチャンで、フレキシブルな考え方を持つキャリア女性との結婚を望んでいます。

横浜国大大学院で研修を続け、来春修士論文を提出して卒業する予定です。その後、カメルーンの政府機関に戻り、学んだ知識を生かして港湾の運営、管理に活躍したいです。（二〇一四年八月、取材）

第二のふるさと日本とイランを結ぶ

ガラハーニー・ファテメさん［イラン・イスラム共和国］

一九七九年生まれ。TVドラマ『おしん』がきっかけで、日本・日本語・日本の文化に興味をいだく。二〇〇一年初来日し、筑波大学に留学。二〇一一年東京外国語大学に留学、翌一二年より一橋大学大学院博士課程に在学中。三五歳までのほぼ半分は、日本に関する勉強に費やしてきたと振り返る。

『おしん』を欠かさず見て育ちました

イラン・イスラム革命の半年後に生まれました。子どもの頃、日本のドラマ『おしん』を毎週土曜日に欠かさず見ていました。どんな困難にもめげない主人公の頑張りが、今でも忘れられません。きものを着て、箸を使い、お辞儀をする日本人。番組の最後に出てくる漢字は、私たちの公用語であるペルシャ語とも違って、絵のようですごいと感じました。

外国語に興味があって、みんなが知っている英語ではなく「日本語にしよう、特別な言語だから」と、大学では日本語学科へ進もうと決めていました。難関を突破してテヘラン大学に入学し、ひらがな、カタカナ、漢字を習いました。勉強すればするほど、日本をこの目で見たい、日本へ行きたいと強く思うようになりました。二二歳のとき、家族みんなが背中を押してくれたので、文部科学省のテストにチャレンジし、パスして夢をかなえました。

二〇〇一年、日本語・日本文化研究生として、初めて憧れの日本へ来ました。留学先は田園風景が広がるつくば市の筑波大学です。入った寮は古くて自動ドアもエレベーターもありません。シャワーとトイレとキッチンは共用で、自転車通学するという毎日でした。

大学ではピアスに茶髪の学生もいて、驚いたことに授業中に居眠りする学生もいます。あのドラマのように、きものを着ている人々、ソニー、トヨタなどで知られ、また電化製品などテクノロジーに優れた国をイメージしてきただけに、「ここは本当に日本?」と目を疑いました。

イランでは文化的中心都市であるテヘランに暮らし、エレベーターのあるマンションに住み、テヘラン大学にマイカーで通学していました。日本留学の現実との大きなギャップに驚くばかり、とても淋しい思いでした。日本の料理も受け付けず、体重は何キロも減ってしまいました。

とはいえ、日本人や外国人の学生達とは仲良くすごせていましたし、日本語への興味はますます深まり、一年間で日本語はかなり上達しました。留学を終えてイランに帰るときには、嬉しさの反面、日本を離れることが悲しくて泣きました。一年の間には和食にも慣れ、もとどおり太って、テヘラン大学に戻りました。

生きてきた半分の年月は、日本を学んでいる

テヘラン大学の日本語学科で勉強をし始めてからは、テヘランにある日本企業の社員にペルシャ語を教えたり、イラン人に日本語を教えたりしていました。ＪＩＣＡやテヘランの在日本大使館の翻訳や通訳などの仕事にも関わり、二〇〇五年には、地震についての翻訳をしていたので地震関連専門用語の研究のため、神戸大学に留学しました。その後の二〇〇七年には、国際交流基金日本語国際センターの教授法プログラムに参加のために来日しました。そして二〇一一年二月、テヘラン大学大学院日本語教育学科修士号取得に到っています。

二〇一一年といえば、東日本大震災が起きた年です。その三月一一日の出来事は、イランでも大きく報道されました。直後の四月、私は四回目の来日をしました。東京外国語大学に研究生として一年間の留学のためです。

男三人女三人きょうだいの五番目に生まれ育った私は、いつも家族の相談に乗ってあげるしっかりもの。二五歳のときに父が他界して、母も私を頼りにしているようでした。「あなたが決めたことだから正しい。ひとり暮らしになるので大変だろうけど、あなたの将来を応援します」と言って私を日本へ送り出してくれました。

二〇一二年からは一橋大学言語社会研究科博士課程に在籍し、まさに今、博士論文に取り組んでいます。大学に通いながら、国際理解支援協会から依頼されて、月二回、いろいろな中学や高校に行き、

イランについて紹介しています。日本に住んでいるイラン人の小学生に日本語を教えてもいます。

日本人に対して思うことは、震災のときに世界の注目をあびたように、秩序を保つ行動がすばらしいことです。接客業の人達の、笑顔でのサービスもとてもいい。治安の良さにも驚きます。夜、ひとりで歩いてもこれほど安全な国は他にありません。ところが日本人は、豊かな自然に恵まれた国土に暮らしているのに、多くの人が仕事で疲れ、家に帰ったら寝るだけ。もったいないです。また、自分なりの斬新な考えがあっても、孤立しないようグループの意見や行動に合わせようとするのはなぜでしょう。欧米人に対する態度に比べて、中東アジア人を見下し閉鎖的な日本人が多いのも気になります。

イランにも障子やこたつ、三味線に似たセタール、琴に似たサントゥル、竹の筆を使う書道があることはご存知でしょうか。イランの公立学校では、大学まで授業料が無料です。小中高は男女別学、大学は共学です。

日本の小説のほとんどは、英語に翻訳されてからペルシャ語に翻訳されます。日本語の文化関連語彙がどのように英語からペルシャ語に訳されているのか、またその影響などについての研究が、私の博士論文のテーマです。イランに戻り、「私の第二のふるさと」と言える日本のことを学生たちに教えたい、日本と関係する仕事もしたいと思います。（二〇一四年九月、取材）

乗馬がラッキーステップになった経営コンサルタントの道

アウゲスト・コラジョさん［アルゼンチン共和国］

一九八〇年、首都ブエノスアイレスに生まれる。三度目の来日から六年余、新宿の経営コンサルタント会社に勤務する。閑静な横浜に暮らし、週末は趣味を生かした乗馬クラブの仕事で東奔西走。日本に根を張りつつある。

乗馬クラブのインストラクターとして働く

首都ブエノスアイレスの出身です。アルゼンチンの国立大学の経済学部三年（二〇〇一年の夏）のとき、日本からスペイン語を勉強に来た留学生五人と、得意な乗馬をいっしょに楽しんだことがきっかけで、友達になりました。

その留学生達が帰国するときに合わせ、初めて日本に来ました。何もかもが新鮮だった最初の一か月は、日本人の仲介で、所沢でのホームステイを体験することができました。緑豊かな所沢から新宿にある語学学校までは、乗り換えなしで通えました。

大学を卒業して働いていた二〇〇七年、観光で二度目の来日をしました。二週間ほど、京都、広島、長崎を見て回りました。翌二〇〇八年に三度目の来日、今度は「日本で仕事を見つけよう」と心に決めて来ました。きれいな日本語で上手に会話できるよう、日本語能力テストに挑戦するため、学校に入りました。

半年経ったある日、馬の道具を持っている日本人と道で偶然すれ違いました。「乗馬をやっているのですか？」と声をかけると、「ええ」と返事がありました。電話番号を交換し合うと、その人は親切にも「乗馬クラブに行ってみませんか」と誘ってくれました。アルゼンチンで八歳から乗馬学校に通い、乗馬が大得意だった私は、その乗馬クラブのインストラクターとして働くことになりました。

最初は乗馬クラブの手伝いでしたが、オリジナルな観点からのプログラム作成にも関わっています。レッスンを受けるクラブ会員とアルゼンチンの言語、スペイン語を使って語学もいっしょに学べる乗馬レッスンプログラムは好評です。私にとっても嬉しいことで、学校に行って学ぶ日本語ばかりでなく、乗馬クラブの仕事でいつも日本人と接しているので、日本語が飛躍的に上達しました。

会員は一五〇〇人、五〇代から七〇代の女性が多く、倶楽部の馬場で楽しむ方もいらっしゃいますが、自然豊かな所をのんびりと馬に乗る外乗《がいじょう》希望者も多く、乗馬ライセンス取得が目的の方もいらっしゃいます。なかにはゼロからスタートして、週二回のレッスンを受け、半年以内に自分なりに乗馬テクニックを取得し、馬と仲良くなって上手に走らせる人もいます。

ところで、馬に着せる馬着としてのグッズは多く、冬用のロングコートから薄物の胴着までありま す。馬着はファッション性ばかりでなく、厩舎の中でのオガクズ、ゴミ、埃避けとして、また、馬の手入れやブラッシングをしやすくし、馬の毛を美しく保つためのものでもあります。

乗馬クラブのインストラクターの仕事を楽しんで続けていた私ですが、アルゼンチン国立大学経済学部を卒業しているので、大学で勉強したことを生かす仕事がしたいとも考え始めていました。そんな二〇一三年、乗馬クラブの会員の方から、新宿にオフィスがある経営コンサルタント会社を紹介していただきました。またまたラッキーなことでした。

今、横浜市泉区にある相鉄線の緑園都市に住んでいます。地名のとおり、緑が多い閑静な住環境がとても気に入っています。ウィークデーは六時起床、朝、研修があるので七時には電車に乗ります。仕事時間は九時から六時です。週末は乗馬クラブの指導や手伝いで三ツ境、藤沢、用賀、馬事公苑などに出かけます。

相手に感謝する日本の言葉が気持ちよい

待ち合わせの時間が九時の場合、日本では九時一〇分前が到着時間。でもアルゼンチンでは九時ぎりぎりです。日本で教育を受けた私は、時間に対してきちんとするのは大切なことだと思い、一〇分前を実行しています。

日本は夢をかなえやすい国です。乗馬がラッキーステップになって趣味がビジネスに繋がり、生活は充実しています。そして日本の「すみません」、「いらっしゃいませ」、「ありがとうございました」などの心づかい、相手に感謝する言葉づかいがとても気持ちよい。社会的なルールを大切にしているからでしょう。日本人は相手のハートになって行動します。

私の父はイタリア人、母はアイルランド人です。人との付き合いが多かったので、小さい頃から「誰も自分中心になりやすいけれど、相手に合わせるように努めなさい」と教えられて育ちました。妹と両親は二回来日し、どこに行っても「きれいだね」と言っていました。

コミュニケーションの表現ということでは、日本とアルゼンチンはずいぶん異なります。私の国の人々は、明るく開放的。言葉で伝えにくい場合でもハグや手を握って、ボディタッチします。小さな祝いごとでも、乾杯して喜び合う文化があります。

これからは、日本企業向けの経営コンサルタントのプロとして独立し、幅広く活躍したいと考えています。（二〇一四年一一月、取材）

「書道」に魅せられて日本の伝統を学ぶ

トマーシュ・クロスカさん［スロバキア共和国］

一九八〇年、スロバキアに生まれる。スロバキアの大学で学んだ日本語、異文化コミュニケーションだけでなく、歴史・宗教・芸術・建築などを研究するため、横浜市のフェリス女学院大学院日本学科に留学。枯山水・水墨画に魅了され、書道に絞って修士論文を書き上げ、帰国予定。滞日四か月半。

東アジアの「書道」文化に着目

首都ブラチスラバから七〇キロ離れたハロホーベッツの出身です。子どもの頃、ＮＨＫのドキュメンタリー「日本の文化、茶道と書道」を見て、書道との出合いが記憶に刻まれました。

再度の出合いは二〇歳のとき。スロバキアやヨーロッパのカリグラフィ（書道）とは根本的に異なる東アジアの書道が目に止まり、アジアへの興味が増しました。関連書は本屋に一、二冊しか見つからず、英語による書道の専門書はわずかでした。インターネットで得られる情報に接するうち、もっと多くのことを深く知りたくなりました。

六年間働いていた仕事を辞めて、「日本語と異文化コミュニケーション」を学ぼうと、首都ブラチスラバにある国立大学に入りました。書道の練習を始めたのは二六歳からです。インターネットからのプリントアウトを手本に、日本と中国の書道の技術を学びながら、毎日五時間、新聞紙に書いていました。

勉強を続けようと大学院へ進み、日本へ行って「書道」、「日本文化」の勉強をしようと、交換留学生としてフェリス女学院大学院に入るため二〇一四年九月に来日しました。それまで、チェコ、クロアチア、フランス、アイルランド、ドイツ、オーストリア、トルコなどへ観光で出かけましたが、留学生活は日本が初めてです。高校を卒業した後、自由を味わいたくて両親のもとを離れて働き、その後大学、大学院に通っていましたので、自炊生活は一〇年以上になり、日本での生活にも不自由は感じていません。

横浜市南区にある横浜国立大学大岡インターナショナルレジデンスに住んでいます。ダイニングから和室越しに純和風の庭が眺められます。料理が大好きでインターネットで検索し、新メニューにも挑戦しています。中華料理、炒飯、だし巻き卵、お好み焼き、ピザ、スパゲッティなど何でも作ります。

友達からもらった日本製の炊飯器も重宝しています。共同のキッチンで料理するので、既婚者で単身留学している学生を手助けしてあげるなど、いろいろな国の友達ができて楽しいです。

フェリスは大学院のみ交換留学生として男性に門戸を開いています。インドネシアや日本人の男性も過去に在籍していたそうです。私の知っている限り、母国には小・中・高・大に、男子校や女子校はありません。日本人の学生には「女性ばかりの中で怖くない!?」と冷やかされますが、姉と妹の真ん中に育ち、職場では八割が女性でしたから、教室で女性六〇対男性一の授業でも平気です。

スロバキアではマウンテンバイクに乗っていましたが、日本ではとくにスポーツをしていません。住んでいるレジデンスは市営地下鉄の弘明寺駅からすぐですが、あえて離れている京浜急行の弘明寺駅まで一二分、毎日歩いて通学しています。遅くなってしまったときは走ります。横浜駅は大きくて人も多く、最初の頃は、相鉄線や京急線の乗り換え場所や急行や普通列車などの違いに迷いました。いつも優しく親切に案内してくださる方がいて助かりました。

食については、スロバキアで大阪出身の日本人から納豆を勧められ、少ししか食べられませんでした。今はOKです。寿司、焼き魚、沢庵、ラーメン、うどん、もんじゃ焼き、茶わん蒸し、お浸し、抹茶、和菓子、煎餅など日本の食文化を堪能しています。

修士論文のテーマは「日本人の若者と書道」

書道作品を眺め、それを書いた書道家の気持ちを想像しながら書くことを心がけています。墨で竹を書いたり、「永字八法」と言われる「永」や「二・三・五・七」を熱心に練習して書道歴八年になります。

今までに「書道をやってみたい」という学生に出会ったのはたった一人だけ。留学生のために開かれる書道展に出かけていっても、会場で若い人を見かけることがありません。日本の若い人は、どうして書道に興味を持たないのか不思議です。

私の修士論文のテーマは「日本人の若者（一〇代・二〇代・三〇代）と書道の関係」です。「書道は日本を代表する文化だと思いますか?」、「日本の書道を代表する人は?」、「あなたはどのくらいの頻度で書道展に行きますか?」、「書道に対してどんなイメージを持っていますか?」など、一六項目の質問をインターネットで送信しました。返信回答を軸に、論文作成を六月から着手します。

三月には建築を学ぶ仲間と、京都、奈良、大阪の神社仏閣を見に出かけます。伝統建築が好きなので、以前にも浅草寺、増上寺、寛永寺、東照宮へも行きました。東京タワー、スカイツリー、博物館にも行っています。

スロバキアもまた自然いっぱいで美しい国です。一七度から七〇度まで、お酒の種類が豊富です。ぜひ観光にどうぞ。公用語のスロバキア語の音韻が心地よく耳に届くと思います。これからは、母国の大学院に戻り、大好きな書道に精進しながら、留学経験での見聞を活かし、博士課程に進み教授になって、スロバキアと日本との懸け橋になりたいです。（二〇一五年一月、取材）

日系三世として生まれた町に、日本文化を伝えます

佐藤・鈴木・誠吾・セルヒオさん［**パラグアイ共和国**］

一九九〇年、パラグアイの日系人移住地ピラポで生まれ育つ。約一二〇〇人の日系人が暮らすピラポは、二〇一五年で移住五五年になる。小学生のとき、野球の交流試合で千葉に二週間滞在した。二〇一四年九月、横浜国立大学教育人間科学部人間文化課程の研究生として二度目の来日。二〇一五年四月からは修士課程に進み、二年間学ぶ予定。

日系人の日本語を護りたい

日系人が暮らすピラポでは、卓球、相撲、野球、バレーボール、ゲートボール、成人式、敬老会、盆踊り、運動会、太鼓など、日本の文化活動が盛んです。私は高校を卒業するとこのピラポを離れ、首都アスンシオンにある大学で経営学を専攻しました。

パラグアイ人の公用語はスペイン語ですが、日系人はスペイン語より日本語が得意です。ただし、首都に住む日系人は、日本語が通じても話さない人が多くなりつつあります。一〇代の日系四世ともなると、スペイン語を話し、日本語がわからなくなっています。日本語を忘れないよう、面白く学べ

る場所を提供できないものかと考える私は、日系三世です。姓は父方と母方を、名は日本語とスペイン語で記しています。このような長い名前は、パラグアイでは珍しいことではありません。

ＪＩＣＡの奨学金テストにチャレンジし、合格してパラグアイ日系社会リーダー育成奨励学生として日本に来ました。一八歳まで日系社会にいたので、家に帰ってからは日本語を話したり聞いたりし、日常会話に不自由はありません。またパラグアイでは上下関係は厳しくなく、人間関係がフレンドリーでオープンだったので、敬語は使ったことがありませんでした。敬語は難しくて、使い方がわからないので、大学院の合否が決まる大事な面接では、あえて佐藤セルヒオを名のり、日系人であることをアピールしました。

パラグアイでは小・中・高・大学までずっと公用語（スペイン語）だけの授業でした。日本語を書いたり、読んだりする機会がほとんどなく、週一回は日本語学校に通っていましたが、読み書きは苦手です。日本に来てからもゼミや行事に参加しながら、日本語の読み書きを猛勉強中です。専門用語も難しいので、できることならスペイン語で修士論文を書きたいのですが、どうなることやら。

宿舎は横浜市南区にある横浜国立大学大岡インターナショナルレジデンスです。高校は寮生活、大学は首都アスンシオンで自炊生活をしたので、レジデンスの自炊生活も苦ではありません。

パラグアイにある大学と横浜国大が一五年四月一日に協定校になるのに先立ち、シンポジウムがありました。出席者は二月に来日・参加するため、昨年一二月から準備でとても忙しくしていました。

中南米の各大学から参加する人の飛行機の手配、ホテルの紹介や宿泊の手配、レストランの案内など、スペイン語と日本語の通訳をしながら手伝いました。

オープンな心で、挨拶くらいして

日本に来て間もない頃のことですが、駅で電車の乗り方が分からなくて駅員さんに聞きました。ところが私の外見は日本人であり、日本語も話せるので、ふざけているのかと思ったようでした。「あっちだよ」とそっけなく言われ、ショックでした。そういうことを何度か経験したので、教えてもらいたい場合は、わざと下手な日本語で尋ねることにしています。

驚いたのは、大学で授業中に学生が寝ていても問題ないことです。パラグアイでは寝ていたら、叩き起こされます。違いという点では、日本では、歩行者が道路を横断するときは、車が止まってくれて人間が優先されますが、パラグアイでは車優先です。人は走っている車のあいだをぬって行き、道路を渡らなければなりません。また電車はなく、交通機関は車とバスで、バス停でなくても手をあげればどこでも止まってくれます。

ところで日本人は、なぜ自分の思っていることを言わないのでしょう。自分の心の中に留めておくようですね。パラグアイでは、いつでもオープンマインドですから戸惑います。それと同じようなことですが、日本人は知らない人には挨拶をしませんね。また先輩からは後輩には挨拶しないようです。たとえ知らなくても挨拶ぐらいはしたっていいのに。日本に暮らして半年、とても不愉快なことの一つが「挨拶しない日本人」です。パラグアイでは初対面の誰に対しても温かく接します。男性と女性、女性と女性は頬を寄せ合って、また男性と男性は握手するのが挨拶です。目上、目下、先生であってもこの生活習慣のもとに暮らしています。

パラグアイにいたとき「広島」という寿司店でアルバイトをしました。お客はパラグアイ人が多いけれど、日本人も多く来るので、パラグアイ人のスタッフは日本流の接客マニュアルを習います。でもパラグアイ流に、初めてのお客でも会話を自由に楽しんで友達感覚で接しました。JICAのオフィスが近かったので、そこの人達が来店したときは、マニュアルどおりに軌道修正して接客しました。ミックスの文化が楽しかったです。

パラグアイでは野菜も肉もとても安いので、週末は家族や友達に声をかけてにぎやかにバーベキューを楽しみます。肉を一人五〇〇グラムは食べますが、健康の秘訣は飲むサラダと言われるマテ茶をよく飲むからだと思います。

日本へ来るには、ビザが必要なアメリカ経由は避け、パラグアイからブラジル、ドバイ経由か、ブラジルからフランクフルト経由で成田まで、三六時間かかります。

将来はパラグアイに戻り、会社を作り、日本で学んだことを活かして日本語、日本文化を広め、日系社会に貢献したいです。（二〇一五年三月、取材）

日本を体感しながら、この卓越性の理由を探ろう

アレクサンダー・ニコリッチさん［ボスニア・ヘルツェゴビナ］

一九八九年、北部の都市ドボイに生まれる。二〇一五年、横浜国立大学大学院修士課程への入学試験のために来日。このとき、滞日一か月未満。

経済や教育、卓越した日本の能力に憧れて

日本の人達について、以前からよく考えていたのです。日本人はとてもよく働いて、経済や教育は発展し、交通のシステムや機械・エネルギーの分野などさまざまな面で効率と効果とを両立させ、しっかりと結果を出す能力に長けていると。そうした日本人の卓越性に憧れがありました。日本で暮らすってどんな感じなのだろうかと、考えるだけにとどまらず体験をしてみたくて、二〇一二年に大学を出たあと、日本の文部科学省の奨学金制度に応募しました。合格し、念願だった日本に来ることができました。

横浜市南区にある横浜国立大学大岡インターナショナルレジデンスに居住しています。今は大学院修士課程への入学試験の準備期間です。まずは日本語を覚えなくてはなりませんから、週三回、一日三時間の集中トレーニングに参加しています。日本語の先生がたの指導が親切なだけでなく熱心なので、参加して学ぶのが楽しいです。朝早くに起きて、出かける前に日本語の勉強と入学試験の勉強をしています。帰宅後は、夕食後の時間を宿題と試験勉強に充てているので、ほぼ勉強漬けの毎日です。

カルチャーショックを受けるような体験は、今のところありません。困ったことが何もないのです。日本で出会うすべてに満足してすごしています。みんな友好的で親切に接してくれます。少し前に横浜へ行ったとき、駅が大きくて目的地までどう行けばいいかわからなくなり、どうしようかと迷っていた私に声をかけてくれて、親切にもその場所まで案内してくれた人がいました。嬉しかったし、あのときは本当に安心しました。

八か国語目の日本語マスターに挑む

私の生まれた国、ボスニア・ヘルツェゴビナでは、小・中・高校までは学費が無料ですが、大学になると国立でも有料になってしまいます。私は高校を卒業した後、大学入学までの六か月間、大学で学ぶ専門科目を勉強するために個人指導塾に週三回通っていました。月謝が非常に高いので、こうした塾に通う学生は少なかったと思います。

国内ではボスニア語、セルビア語、クロアチア語が使われています。主に三つの文化が混ざり合って共存しているので、生徒の住んでいるエリアによって、それぞれの言葉で授業が行われます。それに並行して、小学校の段階から、イギリスやアメリカ人の先生による英語の授業も行われています。生徒はみんな、少なくとも二つの言語で「読む、書く、聞く、話す」をマスターすることになります。私の場合だと、ボスニア語、セルビア語、クロアチア語に加えて、それら三つによく似たロシア語と、英語、ノルウェー語、ドイツ語の七か国語の読み書きが自由にできます。そして今、八か国語目の日本語に挑んでいるというわけです。

先頃（二〇一五年当時）男子サッカー日本代表の監督に就任したヴァヒド・ハリルホジッチはボスニア・ヘルツェゴビナ人です。フォワードとして活躍しフランスのリーグ・アンで二度得点王になりました。監督としてもチュニジア代表を率いて年間最優秀監督賞を受賞するなど、すばらしいキャリアの持ち主なので、国内の誰もが知る有名人です。日本代表への監督就任はビッグニュースとして取り上げられ、大きな話題になりました。ボスニア・ヘルツェゴビナでは昔から音楽が盛んで、サズやブズーキといった、独特な音色を持った民族楽器があります。私も音楽が好きで、聴きながらのんびりすごす休日というのも悪くないものです。

めざすは、金融に関するスペシャリスト

私はドボイという北部地方にある都市で生まれました。古い歴史を持つ都市で、一三世紀に建造された要塞が現存し、観光名所になっています。街にはボスナ川という美しい川が流れていて、周囲はどこまでも美しい自然に囲まれていて……そういう場所で育ったので、休暇があるとすぐ釣りやハイキングに出かけていました。日本に来てもやはり、自然の中を散策するのがいちばんのリフレッシュ方法になっています。スケジュールの詰まった平日のあとの週末には、ウォーキングや観光を楽しんでいます。嬉しいことに、このレジデンスの近所には大岡川が流れていて、川の両側に桜の並木道があります。春、満開の頃に歩くのはとても心地が良くて、来年がまた楽しみです。

今までに、横浜ではみなとみらいに行きました。東京では明治神宮や浅草寺、銀座、秋葉原を案内してもらいました。それにスカイツリーも。先日、箱根にも行きました。いつか見るのを楽しみに思っていた富士山がチラッと見えて感激しました。日本にいるあいだにいろいろな場所を訪ねたいです。有名な場所はもちろん、地方の小さな田舎の町に出かけて、その土地独自の文化や伝統に浸る体験をしてみたいです。進路としては、大学院の修士課程を卒業した後、博士課程に進んで経営学や会計学、経理や財政などを修めて、金融に関するスペシャリストになりたいと思っています。（二〇一五年四月、取材）

異文化に触れたくて、日本に来ました

カタリナ・ハエスケン・トロネスさん［ノルウェー王国］

一九九四年生まれ。IBO（国際バカロレア機構）の認定高校に進み国際的な教育プログラムを受けた。国際バカロレア資格を取得後、二〇一三年一〇月から横浜国立大学YCCSで勉強している。滞日二年。

高校生のときの日本体験から一年ぶりに

小学生の頃、インターネットを通じて日本のアニメやマンガに夢中になりました。英語の字幕がついていたのを頑張って読んでいました。生まれ育ったノルウェーの文化とはまったく違っていて面白かった。自分や自分の周りの人達とはまったく違う考え方があるのだと気づいたら、もっと知りたくなって、日本への関心が膨らみました。

国際バカロレアの教育を受けられる高校に進み、二年生のときに先生からの紹介でライオンズクラブの日本への短期留学生募集に応募、夏休みの五週間を日本ですごしたことがあります。世界二五か国からの参加者、合わせて三二名で日本のあちこちへ行きました。ノルウェー人は私だけでした。名古屋、東京、静岡、京都を一週間で巡った後、富山県の砺波市、富山市、氷見市に合計二週間滞在し、石川県の金沢市で一週間、福井県の武生で最後の一週間をすごしました。その間にいろいろな日本文化と触れ合いました。生け花、書道、茶道、歌舞伎など初めての体験ばかりでした。静岡では富士山も見ました。

翌年、高校を卒業するときに世界の大学への入学資格を取得し、横浜国立大学のＹＣＣＳ（Yokohama Creative-City Studies）に応募して、日本へ行くことが決まりました。一年ぶり二度目の日本です。今は経済学と経営学の勉強をしています。もうすぐこちらへ来て二年になります。

相鉄線の和田町駅の近くに部屋を借りて、常盤台キャンパスまで歩いて通っています。日本語の授業以外はすべて英語の授業です。平日はしっかりと授業を受けて、週末の休みの日にはちょっとした旅行をします。日本の風景はきれいです。山や森のある田舎の方へ行き、ハイキングや散歩を楽しんでいます。大山に登ったり白川郷を歩いたりしました。和歌山県の高野山にも出かけました。

去年の一〇月から、友達から紹介されて和田町の商店街にあるカフェ＆ダイニングバー「Yuzuriha」で働いています。このお店のスタッフの女性六人、男性四人、学部は違うのですが全員が横浜国立大学の学生で、みんなが仕入れからメニュー作り、調理はもちろん広報まで携わっています。売り上げを考え、店づくりにも知恵を出し合います。店を運営する責任を感じながら、大学の授業の外側で、実地で経営の勉強ができるありがたい場所です。それに加えて、店に来れば仲間がいるので、ほっとする場所にもなっています。スタッフの中で外国人は私だけですが、お客様とのやり取りを楽しむことが日本語の習得にも繋がっています。メニューは和食と洋食が中心ですが、ノルウェー料理の日というのがあって、スモークサーモンやジャガイモの蒸留酒アクアヴィット、トナカイやヘラジカの干し肉などが好評です。料理好きの私は、腕の振るいどころだと思っています。

今年の一月からは、日本に住むノルウェー人の大学生・大学院生約五〇人の留学生組織のリーダーを務めることになりました。

卒業後は、大学院への進学を考えています。南米やヨーロッパなど古い歴史のある街を見て歩いて、建物の歴史を勉強したいです。

「敬語」の文化にならうのは困難なこと

日本はどこも、信じられないくらい人が多いです。ノルウェー全体でも人口は五〇〇万人くらいで、私の住んでいるオアスなどはせいぜい九〇〇〇人です。オアスは首都オスロから南に車で二、三〇分ほどの所にあって、冬はものすごく寒いですが夏は気温が上がっても二五度くらい。日本の夏を体験するのは四度目になりますが、とにかくもう暑い。夏だけは毎日のようにノルウェーに帰りたい心境です。私はクリスマスか夏休みには必ず国に帰ることにしていて、次の休みに白馬へ避暑に出かける予定があるのですが、戻りしだいノルウェーに帰ります。

ノルウェー人は時間に厳しくて、会議などに遅刻はできません。ですがノルウェーの電車はよく遅延するし、来ないことすらあります。だからみんな、遅れないためにはひとつ前の電車に乗るのが秘訣だと考えています。その点、日本の電車はダイヤが正確です。あれなら遅刻の心配がいりません。

ノルウェーの公用語はノルウェー語ですが、誰もが小学一年生の頃から英語を習います。私の場合は、中学でフランス語を選択していました。そして今は日本語を勉強中ですが、日本語で未だに理解できないのが「敬語」です。ノルウェーでは小学校のときから先生でも平等な立場、という感覚ですから、先輩・後輩だとか、先生と生徒、みたいに上下で自分と他の人を区別する日本の文化は、嫌いではないけれど自分にとっては困難なものです。

仕事をする中でも、習慣の違いを感じるときがあります。日本人はグループで行動するのを好むのでしょうか。オフィスでも、自分の仕事は終えているのに帰らず同僚の仕事の手助けをしたりするので、仕事の時間も量もどんどん増えていくようでした。ノルウェーでは個人の裁量の余地が大きくて、自分の仕事を終えて四時になるとオフィスは無人になります。そして、夕方の時間は家族と夕食を共にします。ノルウェーでは、レストランなどでの外食をあまりしません。家ですごす時間と空間をとても大切に考えているのです。クリスマスなども、家族ですごします。（二〇一五年八月、取材）

観光局から、もっと多様な文化交流をめざします

クンプライネン・ミッラさん［フィンランド共和国］

取材時二七歳。フィンランド政府観光局に勤め、日本とフィンランド両国間の文化交流活動をしている。二〇一三年、ICU（国際基督教大学）留学生として二度目の来日。二〇一五年五月、ICU留学時に出会った日本人と結婚。

三度の来日、日本人と結婚、東京に暮らす

高校生の頃、同級生から家族旅行で日本に行った話を聞き、うらやましくて、日本への興味がかき立てられました。私の場合、どこに惹かれたのかというと、有名なアニメやマンガではなく、生け花や茶道や剣道などの伝統的な文化でもなく、日本人ってそもそもどんな人達なのだろうという興味からでした。素顔の日本人に会ってみたいと思っていました。

フィンランドの大学にいたとき、夏休みのひと月間を使って日本各地を観光しました。京都、東京、岐阜を巡って、日本の文化に触れ、日本人と接する機会を得ました。そのひと月でさらに日本への興

味が増し、その頃に留学を考えていた私は、行き先は「日本しかない」と決めて帰国したのを覚えています。二〇一二年、ICU（国際基督教大学）留学生として二度目の来日をしました。そのときは大学の寮に一年間住み、日本語の勉強をしながら、社会史や情勢史、家族史、日本史、現代日本教育史など、日本の社会や文化の歴史を学ぶ「日本研究プログラム」というコースを履修しました。

留学期間を終えてフィンランドに戻り、自宅のあるタンペレで大学院を修了した後、二〇一四年一二月に三度目の来日を果たしました。そして今年の五月に、ICU留学時に出会った日本人と結婚し、今は二人で足立区の一戸建てに住んでいます。

東京都中央区にあるフィンランド政府観光局で働いています。オフィスには、フィンランド人は私ひとりですので、ネットで得た日本の最新情報やニュースをフィンランド語に翻訳したり、逆にフィンランドのニュースを日本人に紹介したり、というようにフィンランド人にしかできないことをしています。もっとフィンランドのことを日本のメディア、一般の人、旅行会社、企業などにプロモーションして、お互いの国の人を紹介して、文化交流のできる環境を作っていきたいです。

福祉国家でも、老いて孤立という問題がある

優しくて、マナーが良く、互いに助け合い、みんな頑張る。それが日本人の印象です。「お疲れさま」は丁寧な気持ちを相手に伝える美しい日本語だと感じます。

初めて日本に来て電車に乗ったときには、どこまでもビルが建ち並び、街が終わらず車窓の景色が変わらないのに驚きました。フィンランドでは電車が走り始めるとすぐ、見渡すかぎり森と湖と畑とばかりになります。

フィンランドは面積こそ日本の国土よりやや小さい程度ですが、人口となると日本の約二三分の一。首都ヘルシンキの人口が六〇万、主要都市で二〇数万です。フィンランドの田舎の雰囲気は、初めて観光旅行で行ったことのある岐阜の風景に似ていると思います。観光に出かけるのなら七月から八月がお薦めです。緑がきれいで満開の花が楽しめます。

フィンランドの公用語はフィンランド語とスウェーデン語です。フィンランド生まれのものといえば、ガムなどに使われる、虫歯を抑制する甘味料のキシリトール、携帯電話のノキア。あと、みなさんもご存知でしょう、ムーミンが有名です。

フィンランド人の多くが、日本人はみんなオタクでアニメファンだと思っています。私は日本で暮らすあいだに、社会制度、政治、歴史など学問として学んだ日本と、身の回りの日本とのギャップを感じ始めています。外からは、日本は集団主義が非常に強い社会と見えましたが、実際に日本人に会って話をしてみると、多様な価値観や考え方による生きざまが見えてきます。それがとても面白いし、個人的には日本人とよく気が合います。

フィンランド人はどちらかというと無口でパーソナルスペースを大切にします。食事中、何も言わなければ「おいしい」という意味。不平を言われないのは「OK」ということ。お互いが暗黙の了解の空気を読み合う雰囲気があります。他人のことに関わらないのと、辛抱強いことが裏目になって、ただでさえ人の少ない土地で、昔からの友達もいない人は独りぼっちになってしまいます。昔は家族と地域社会とのつながりがあったけれど、今は希薄になり、孤独へと追いやられる人が増えています。ヨーロッパの中では自殺者や鬱病が多いほうです。カウンセラーが足りません。福祉国家ですが、税金があるからといって解決できるものではありません。

フィンランドの教育制度では、プレスクール・小学校・中学校までが義務教育、公立なら大学まで無料です。「良い教育を受けた健康で幸せな国民が良い社会を作る」をモットーに、国は教育に力を入れています。教員達はテストの点数で子ども達の競争意識をあおるのでなく、子ども達の持っているスキルが活かせるよう取り組んでいます。たとえば、暗記するのではなく、情報を発見して評価し利用する能力や考え方、そして自己表現などを重視する授業が行われています。

フィンランドの良さを日本のみなさんに、日本の良さをフィンランド人に伝えたい。そのためにも日本の文化の多様さをもっと知りたいです。これからは、東京以外の小さい町をもっと訪ねてみたいです。仕事とプライベート（家族）の両方のバランスがとれる環境を維持しながら、フィンランド政府観光局で日本との文化交流を促進していきたいと考えています。（二〇一五年一〇月、取材）

「全日本きもの装いコンテスト」に初チャレンジで優勝！

オクサーナ・ビスクノーワさん［ウクライナ］

一九七六年生まれ。ウクライナ東部、ロシアに近いドネツク州の出身。九六年の初来日から一九年目になる。二〇〇二年に日本人と結婚し、二人の娘がいる。

ロシアの友人に誘われて、着付け教室へ

仕事で海外を回っていた父親から、よく外国の話を聞かされて育ちました。父は日本にも行ったことがあり、テレサ・テンのカセットテープが家にありました。親戚に日本人と結婚した人もいます。私も大学で日本語の勉強をしたことがあり、在学中の一九九六年、自分の周りとは違った世界が見たくて日本に来ました。二〇歳でした。そのときは四か月間滞在しました。

日本に来てまもなく、外国語学校のロシア語の講師が休みで急拠代行を頼まれ、思いがけず講師の道が開けました。

ウクライナで日本語を勉強していたので、少しはできると思っていたけれど、日本に来てみるとぜんぜん通じませんでした。恥ずかしいし、負けず嫌いな私は九七年に再び来日、語学学校に通って日本の大学入試に必要な日本語能力試験一級をめざしました。外国人のクラスメート達といっしょに、一年間日本語を猛勉強しました。日本語能力試験二級に挑戦し合格、その後も続けて一級を取得しました。

きものに興味を持つロシア人の友達がいて、ひとりじゃ恥ずかしいからいっしょに通わないかと、きものの着付け教室に誘われました。それまできものに関心はなく、まして自分できものを着るなんて、考えたこともありませんでしたが、誘われるままに参加してみました。何度か通っているうちに先生から、「全日本きもの装いコンテスト」への出場をすすめられました。楽しそうだったので出場することにして、九九年に関東大会予選に出てみると、なんと翌二〇〇〇年に開催される全国大会に進むことになりました。大会出場に向けて、数か月前から振袖の着付けの特訓を受けました。私の負けず嫌いな性格がここでも発揮されて、「何でも挑戦だ、このチャンスを思いっ切り頑張って楽しもう」と家に帰ってからも着付けの練習を繰り返しました。

全国大会はＮＨＫホールで開催されました。きものの柄選びやそれに合う帯・小物などの見立てはすべて先生にしてもらいました。舞台に上がり、七分の時間制限の中、自分ひとりで鏡も見ずに、長襦袢を着た姿から振袖を着て、帯を結び終えるまでの技術と出来栄えを競います。結果、外国人の部・振袖の部で全国一位、優勝することができました。

優勝するとお茶会へ招かれてお抹茶をいただいたり、外国人向けに日本文化の紹介を頼まれたりするなど、きものを着て出かける機会が増え、自分の世界が広がりました。

日本人男性と結婚、今度は留袖部に出場

二〇〇〇年に南ウクライナ国立教育大学児童心理学部を卒業するため、いったん帰国しました。その前年の九九年、日本人男性とめぐり会い、二〇〇二年に日本とウクライナで挙式をしました。日本では白無垢や色打掛を着て日本のしきたりに沿った式を行い、その後にウクライナのシティホールでも結婚式を挙げました。

夫の仕事の関係で二〇〇六年から二年間イギリスに滞在しました。その間にＥＳＯＬ（英語を母語としない人々のための英語）ライセンス一級を取得しました。

ふたたび日本に戻り、講師を務める語学学校の学院長から、「あなたはロシア語を教えられるのだから、英語も教えられるに違いない。母語でない語学を取得した体験を通して、生徒が求めるものが何なのかを感じ取れるのではないでしょうか」などと言われ、英語も教えるようになりました。私が日本語を勉強して得たのは、語学の上達のためには、失敗と「恥ずかしい、悔しい」思いをすることが大切だということです。

イギリスですごす何年かを挟みながら、もうかなり長いあいだ日本で暮らしています。去年、着付けの先生から一五年ぶりに「全日本きもの装いコンテスト」へ出てみないかと言われました。一五年前に私が優勝したのは「振袖の部」でしたが、私も年を重ね、既婚者にもなりましたから、今回は「留袖の部」に出場することになりました。

今回の外国人の部にはアメリカ人、ポーランド人、カナダ人、フィリピン人、ウクライナ人など二〇人が参加し、競い合いました。舞台の上で、鏡がないのは前回と同じですが、留袖は振袖よりさらに二分、制限時間が短く設定されていました。帯を先に前で作ってから後ろに回す振袖とは違って、留袖の帯結びは体の横で作って後ろに送るので分かりにくく、違った感覚を身に付けなければならない苦労がありました。難しかったですが、良い体験でした。ふたりの娘が応援しに来てくれたのですが、コンテストに子どもの部があるのを見て「私も出たかった」と。きものへの興味が出てきたようです。娘は一一歳と六歳になります。今回、着付けの特訓を受けたので、娘たちの結婚式には、留袖を自分で着て出席することができるようになりました。まだ何年先かは分かりませんが。

きもののことや語学の講師のことなど、日本に何年いても次から次へと新しいチャンスに恵まれます。居心地の良さを感じています。来年から二年間、夫の仕事でまたイギリスに行きますが、母国ウクライナと日本の文化をイギリスの人達に紹介したいです。いろいろな出会いがあることでしょう。出会いはチャンス、今から楽しみにしています。（二〇一五年一二月、取材）

言語と対話への興味からイギリスで通訳になります

バレンティナ・ナルドさん［イタリア共和国］

一九九一年生まれ。ローマ近郊のペスカラで生まれ育つ。二〇一二年に母国を出て単身イギリスへ渡り、二〇一四年、ロンドン北東のノリッジにあるイーストアングリア大学に入学。二年生を終えて、二〇一五年、奨学金を得て来日。横浜国立大学教育学部で学ぶ。滞日三か月目。

他国の文化に関心あり、いちばんは「言葉」に

イタリアのペスカラという町で生まれて、高校を出た後イギリスに渡りました。他の国の文化に関心を持っています。とりわけ「言葉」というものにいちばん興味があります。今までに母語であるイタリア語の他にフランス語と英語を学んできましたが、それらヨーロッパの言葉とは系統も構造も異なる日本語に魅力を感じて日本に来ました。

横浜市南区の横浜国大学生会館に住んでいます。駅から近くて、部屋にはバス・トイレ・キッチンから無線ＬＡＮまで完備されています。そこから週三～四日、横浜国立大学の教育人間科学部へと

通っています。

　家での時間は主に勉強に費やすのですが、疲れたら近くを流れる大岡川沿いをウォーキングして気分を発散しています。桜の並木道をずっと歩いて行くのですが、満開の季節には「桜まつり」というイベントがあると聞いていて、ウォーキングしながら楽しみにしています。

　休日にはイギリスから私を訪ねてきた友人といろいろな場所を観光しています。横浜だと山下公園やみなとみらい、横浜元町中華街へも行きました。東京だと、お台場、浅草、明治神宮、新宿、秋葉原。築地市場で食べたお寿司がおいしくて、大好きになりました。

　異国での暮らしですから、何かあると困るだろうと、健康にはいろいろと気をつけています。部屋にキッチンがあるので朝晩はなるべく自分で作るようにしています。母のお手伝いを私と弟とでいつもしていたので、家事や料理に関してはイギリスにいた頃も、日本でも苦ではありません。カレーとか、麻婆豆腐も自分で作っています。あんまり食べ物に神経質になりすぎてもそれはそれで、摂食障害とかになってしまったら大変ですから、外食もまったくしないわけではありません。と言っても、ファストフードは太ってしまうのでほどほどにですが。近所に炭火を使った窯で焼くピザやパスタ、ラザニアなどが楽しめるお店を見つけました。おいしいですが、日本のイタリアンレストランは、味がちょっと違って濃いように思います。

努力すれば「可能性が開ける社会」がいい

日本人のみなさんは言葉づかいや動作が礼儀正しいし、とても丁寧に接してくれます。

前々からワーカホリック（仕事中毒者）な人達、という印象があって、その点については、私はあまり良く思えません。そうした生き方は好きではありません。

働くことに関しては、イタリアもまた多くの問題を抱えています。イタリアでは働きたくても仕事がない人が多く、失業率が高いです。仕事があったとしても、たとえばウエイトレスで働き始めたらずうっとウェイトレスのまま、というように、新たな仕事に就くチャンスはありません。若い人は職もなく将来に希望が持てません。そんな世の中では働く意欲も失せてしまうのでしょうね、イタリア人の仕事ぶりにはいつも怠惰な空気が漂っています。

イタリアの社会では、労働環境に加えてマフィアが大きな問題となっています。政財界との癒着がはびこり、政治家の汚職や犯罪組織との関わりをめぐるスキャンダルがつぎつぎと起こっています。

社会に生きる誰もが先の見通しを立てることができないうえに、腐敗しきっている。そんな母国に嫌気がさして、私は高校卒業と同時に単身イギリスに移り住みました。イギリスでは出身がどんな国であろうと、金持ちだろうとなかろうと、いっさい関係ありません、自分がなりたいと思えばどんな道も開ける可能性がある、その現実が何よりの魅力です。

イギリスに移り、住み始めの二年間はレストランのウエイトレスとして働きました。四年で店長になれることを知りました。どんな職業であれ働けばそれなりの可能性が開ける社会だと感じました。さらにイギリスでは大学で勉強すればどんな職種も、どんな職場にも志願する道が開かれます。そういうところもイタリアの怠惰な空気とは全然違うし、何より、将来自分が望む仕事に就ける、そういう見通しが実感できるので、学ぶことに対して夢を膨らませることができます。

今年の九月に帰国する予定です。イーストアングリア大学に戻ります。卒業後は、言葉への、とくに「話すこと」への自分自身の興味を活かして、イギリスの商社や国際企業間で、人と人との対話を繋ぐ通訳の仕事に就きたいと考えています。（二〇一六年二月、取材）

国際交流の場で、琴や尺八など日本文化の一端に触れる

ハッサム・アベシルドさん［エジプト・アラブ共和国］

一九八七年、カイロ近郊の都市イスマエーレーヤ生まれ。カイロ大学卒業後、ＪＩＣＡ奨学金のテストに合格し二〇一五年九月に来日。横浜国立大学大学院で電気工学を学ぶ。このとき、滞日五か月目。

初の海外生活で、アラブの踊りに出合う

カイロ大学を卒業後にＪＩＣＡ主催の奨学金テストに挑戦し、合格することができました。憧れていた日本に来ることがかないました。同じ試験を受けた仲間たちの中で、エジプトからはあと二四名が来日していて、今、日本の各地で勉強しています。私とカメルーン人、ナイジェリア人の三人が横浜国立大学に通うことになりました。

横浜市南区にある横浜国大大岡インターナショナルレジデンスに住んでいます。大学へは電車と徒歩で四〇分ぐらい。休日は、道路を挟んでキャンパスの向かいにあるスポーツセンターに行って、

サッカーを楽しんでいます。

私はイスラム教徒です。一日に五回礼拝します。もちろんアルコール類は飲みません。来日当初はハラール食材を扱うお店を探すのが大変でしたが、横浜、上大岡、伊勢佐木町に見つけました。友人から横浜市営地下鉄のブルーラインの仲町台に「何でも揃っている店があるよ」と教えてもらいましたが、住んでいる場所からはちょっと遠すぎました。横浜国大キャンパスにある生協でもハラール食材を入手できます。キャンパス内には礼拝ができる部屋もあるので、今は日常生活で不自由さを感じることはありません。

私にとっては今回の留学が生まれて初めての海外生活なのですが、レジデンスの共有キッチンのあるラウンジで留学生同士が顔を合わせるときに挨拶や言葉を交わし合ううちに、仲間が増えて、人づき合いの幅が少しずつ広がっています。

一二月に相鉄線の緑園都市にある緑園コミュニティ協会が企画した「イヤーエンド国際交流パーティ」に招待され、ドイツ、イタリア、中国、韓国、パラグアイ、ボスニア・ヘルツェゴビナなどの留学生達といっしょに参加してきました。琴や尺八の優美な演奏を目の前で聴くことができ、日本の文化の一端に触れることができました。

あのとき観たフェリス女学院大学ベリーダンス部の公演にはビックリしました。本場のプロみたいに上手でした。アラブの踊りを日本で見られるなんて意外だったし、嬉しくて気持ちが盛り上がりました。他に、このパーティでは参加者それぞれの出身国にまつわるクイズ企画や食事をしながら日本人とも交流でき、楽しい時間をすごしました。

今年の一月九日から一六日のあいだに北海道に行ってきました。小樽を観光し、札幌の雪まつりを見てきました。北海道は美しい場所だけど冬は非常に寒いと聞いていたので、防寒用のコートをばっちり着込んで向かいました。札幌の雪まつりは想像していた以上のすばらしさでした。街はとてもよく整備されていて、出会った人達はみんな気さくに接してくれました。それだけならよかったのですが、札幌の寒さは私の想像を超えていて、また行きたいけれど今度は夏にと思っています。機会があればいろいろな場所に出かけて、この留学生活のあいだに日本の自然をいっぱい楽しみたいと思っています。

私の国エジプトは古代文明の発祥の地

一七歳のとき、夏の夜中に出発して、夜通し草も木も生えていない険しい山道を登ってシナイ山の頂上に立ち、朝日が昇る瞬間を見たことがあります。荘厳な、忘れがたい光景でした（シナイ山はエジプト領内のシナイ半島南部にある。旧約聖書に登場し、預言者モーゼが神ヤーウェから十戒を授けられた場所といわれる。標高二二八五メートル）。

エジプトは有名な古代文明の発祥の地であり、七〇〇〇年を超える歴史を背景とすることに誇りを感じています。公用語はアラビア語です。国内ではキリスト教などの宗教が禁止されているわけではありませんが、多くの人がイスラム教の教えを守って暮らしています。エジプト人も日本人におとらず親切で、頭が良くて外国人にも好意的です。ピラミッドやスフィンクスをはじめとして観光資源がたくさんあり、さまざまな観光事業に力を入れて旅行者を迎え入れています。

エジプト国内では一年の大半が暑いので、スポーツはあまり盛んではありませんが、サッカーは人気です。今から一〇年前のアフリカ選手権では、エジプト代表チームがチャンピオンになりました。

日本は技術やさまざまなシステムが、とても発展したすばらしい国だと思います。それだけでなく、実際に暮らしてみると、いろいろな点で多くの魅力を持っていることに気づきます。まだ来日して間もなく日本での生活に慣れていない私に、日本人のみなさんはとても親切にしてくれました。出会う人は誰もが穏やかで優しい雰囲気を持っていて、日本人は他人を大切にする人達なのだということが伝わってきます。ただ、言葉の壁があるので、接し方がみんな控えめな印象があります。私が日本語を身につけることができたら、もっと距離が近くなれるのだろうなと思っています。

日本の大学院で修士号を取得した後に、イギリスかドイツかカナダで博士号を取ろうと考えています。その後、エジプトに戻り、独立して仕事をするのが希望です。（二〇一六年二月、取材）

ちょっと番外編――久保田登輝子リポート――

中央アジアのワンダーランド、永世中立国トルクメニスタン

横浜市鶴見区にある横浜市国際学生会館主催事業、留学生による文化講座「中央アジアのワンダーランド、トルクメニスタンへようこそ!」を受講しました。そのリポートです。自らの国を、二人の留学生が紹介してくれました。まずは二人のプロフィールから。

アシルムハッメドフ・アシルさん

二八歳(二〇一六年現在)の男性、トルクメニスタン西部のバルカン州出身。トルコ共和国の小・中・高校を卒業後はトルクメニスタンに戻り、国防衛省で軍隊に二年間服役しました。その後、首都アシガバートのトルクメニスタン国立アザディ世界言語大学に入学し、前年に開設したばかりの日本語学科で学び、卒業。二〇一四年に日本留学、四月からは慶應義塾大学経営管理研究科に入学、現在修士課程二年生、滞日二年です。初来日にもかかわらず、「上を向いて歩こう」の歌も「AKB48」も知っていて、秋葉原にはすぐ行きました。二〇一五年から鶴見区にある横浜市国際学生会館に住んでいます。

ロジクリエワ・ジェンネトさん

二五歳（二〇一六年現在）の女性、トルクメニスタンの東部、レバプ州出身。アシルさんと同じトルクメニスタン国立アザディ世界言語大学日本語学科に入学し、在学中に一年間、広島大学日本語・日本文化プログラムで学びました。その後はトルクメニスタンの大学に戻り、卒業後は中学校で教師として一年間働きました。二〇一六年四月から、東京外国語大学で日本語研修プログラムの研究生。二年ぶり、二度目の留学生活を始めたばかり。

トルクメニスタンと日本、国交樹立から二三年

- 一九九二年、国交が樹立
- 二〇〇五年、日本大使館を開設
- 二〇〇七年、トルクメニスタン国立アザディ世界言語大学に日本語学科を開設
- 二〇〇九年、トルクメニスタン大統領が初めて日本を訪問
- 二〇一三年、在日トルクメニスタン大使館を開設
- 二〇一三年、トルクメニスタン大統領が二度目の日本訪問
- 二〇一五年、トルクメニスタン大統領が三度目の日本訪問
- 二〇一五年一〇月、日本の総理大臣が初めてトルクメニスタンを訪問
- 二〇一六年四月、東京外国語大学にトルクメン語学科が設立される

現在（二〇一六年）、トルクメニスタンから約三〇人が日本に滞在しています。

独立から二五年、資源に恵まれた国

中央アジア南西部に位置するトルクメニスタンは、ヨーロッパあるいは中東と位置づけられがちです。トルクメニスタンの公用語はトルクメン語ですが、旧ソビエト連邦の構成国であったことからロシア語も広く通用します。シルクロードの西端にあって、カラクム砂漠が国土の八割を占めています。砂漠における天然ガスの埋蔵量は世界第四位。加えて西側のカスピ海は石油が豊富です。地下資源に恵まれた国といえます。

ソビエト連邦崩壊後の一九九一年に独立したトルクメニスタンは、二〇一六年に独立二五年を迎えています。九五年からは永世中立国家です。二〇一六年から、ふたりの母校である国立アザディ世界言語大学に日本人の教授が増えるそうです。九月からは小・中・高校で日本語教育が始まると聞きました。

日本からトルクメニスタンを訪れる人は少ないですが、世界遺産のメルヴ遺跡や地獄の門、首都アシガバートの白大理石の建物が林立する風景や美しい夜景など、おすすめの観光スポットがたくさんあるそうです。当然、観光にも力を入れていて、世界最大の観覧車と星型建造物がギネスブックに認定され登録されています。また、独特のデザインや模様が施された絨毯は、世界でいちばん高価な絨毯として有名です。

映画はすべて自由に観ることができるそうです。スポーツでは柔道と重量挙げが強いです。基本的な日常食品は安価で、消費税はありません。生活するのに必要な水道水や光熱費は無料です。そのほか、家賃と電話代も安く、小学校から大学院までの学費はすべて免除されます。これらは、独立したときの初代大統領が、どうしたら国民を幸せにすることができるだろうかと考えた免除制度の政策でした。独立以来二五年間、今も変わらずに続いています。

誰もが大学に行きます。大学生と大学院生には、成績に関係なくみんなに奨学金が支給されます。そして卒業を迎える年までに、大学からすべての学生に政府機関の仕事が紹介されます。学生時代に免除された学費や奨学金は返済の必要はありません。ただし、卒業後二年間は在学中に選択した政府機関に勤務しなければなりません。二年間の勤務終了後は、外資系や企業に転職してもよく、自由です。

ごく一般的な家族での食事は、テーブルに家族が集まり父親が「いただきます」と言ってから始めます。きれいに食べ終えると、それぞれが顔に手をかざし神に感謝します。

農作物では、メロンが特産品であり、国民の祝日として「メロンの日」が設けられています。いちばん大きなメロンを作った人を表彰するイベントがあるのだそうです。

トルクメニスタンの踊りの実演を楽しみ、手作りのスィーツとお茶をいただきながらの二時間半。丁寧で上手な日本語で、自分達の国について分かりやすく紹介する留学生ふたりの姿に感心しました。（二〇一六年四月、受講）

親切は、チップのためなんかじゃなかった！

バート・キラ・ホルヘカリンさん［ベルギー王国］

一九九三年、ベルギー西部の古都ブルージュに生まれる。一六歳のときに、イギリス主催のジャパンジャーニーツアーに参加。日本への関心を高め、大学は日本学科に進んだ。学士論文のテーマは「日本について」であり、参考文献を求めて横浜国立大学へ留学生として来日。

マンガとの出合い、そして日本へ

ベルギーでは、小学校の六年間を終えると高校（六年間）へ進みます。高校二年生の終わり頃には三年生で勉強する科目を決めることになっていて、先生からは心理学を勧められましたが、私は理系を望んでいたので物理学を選択しました。ところが、テストで合格点に届かず進級を逃してしまいました。三年生をもう一度やることになり、物理学をあきらめて新たに心理学の勉強をすることにしました。そうしていても「また不合格だったらどうしよう」とか、そんなことばかりを考えてしまうようになり、勉強に集中できませんでした。いっしょに学んできたクラスメイトはみんな進級したので、教室に友達もいなくなりました。そういうわけで学校も面白くなくなっていました。

その頃、偶然立ち寄った本屋で、ある冊子が目に留まりました。イギリスで発行された英語の冊子です。内容は日本のマンガの紹介でした。英語は子どものときにテレビを見て自然に覚えることができた言葉で、小学四年生のときには、『ハリーポッター』を英語で読んでみようと挑戦したこともあります。冊子は無料だったので、持ち帰って読んでみることにしました。日本のマンガはいろいろなキャラクターがいて、決してオーバーではないが現実ではありえない動きの表現やセリフの書き方などが新鮮でした。巻末に日本へのツアーの募集広告を見つけて、行ってみたいと思いました。でもそのときはまだ一六歳、まずは親に相談しました。すると、心理学の試験に合格して四年生に進級できたら行っていいとの返事でした。

目標ができると、それまでのつまらなさとか、もやもやした不安とかがいっぺんに吹き飛びました。人が変わったように、一生懸命勉強しました。試験は合格、進級することができたことを親に言って、楽しみにしていたツアーに申し込みました。

参加したイギリス主催のツアーは、滞在期間が一週間。初めての日本で初めて泊まったホテルは、新宿の歌舞伎町にありました。ガイドは三年間日本に住んだことのあるイギリス人で、日本語も話せました。観光したのは東京タワー、宮崎駿のジブリ美術館、浅草の浅草寺、銀座、原宿の竹下通り、代々木公園、渋谷の忠犬ハチ公、秋葉原でした。

新宿歌舞伎町での異文化体験

男性が見知らぬ女性に誘いかけるのはナンパです。ベルギーでもそうです。日本人はシャイだと聞いていたのですが、ホテル近くを歩いていると日本人の男性が何人も私に話しかけてきて、ビックリしました。日本人は、思ったよりシャイでありません。女装した男性たちは、働くお店のＰＲのために女性に声をかけているとのこと。「ホスト」という仕事をしている人達で、髪を長く伸ばしてはいるけれど、別に女装しているわけではないということを後で知りました。

新宿駅からホテルに向かう途中、歌舞伎町を見てみようと、ちょっとした好奇心で歩いていると、迷子になってしまいました。ツアーコンダクターから「見知らぬ人に話しかけてはだめ」ときつく言われていたのですが、このままではホテルに帰れないので、仕方がなく道に立っていた女装の男性にホテルの地図を見せました。その人は親切にもホテルまで送ってくれました。その親切に、感謝の気持ちからお金を上げようとしました。ところが、その男性に断わられ、私はそのことにとても驚きました。

ベルギー人だってもちろん、他人に親切にするけれど、それはチップがもらえるからです。働いている人も「チップがあるからこそ、笑顔を作って、ちゃんとしないといけない」と考えています。そういうことに慣れていたので、見返りを求めない親切に、私は衝撃を受けてしまったのです。これが、一六歳だった私の、初めての異文化体験でした。

現在は横浜国立大学に通っています。日本は好きですが、留学生活をする中で疑問に感じることもあります。日本では、先生は生徒にとってあくまでも目上の人で、対等な関係ではありません。立場を意識してしまうと変にかしこまってしまうし、これは失礼にあたるかなとか考えてしまうと会話しにくくなるので困っています。それと、授業の出欠が成績に加味されるという意味がわかりません。ただ席に座ってさえいればいいのでしょうか。努力してテストで良い点を取ることこそが大事なのではないですか。

日本の人は初対面だと丁寧な対応をしてくれます。でもなかなか打ち解けてもらえません。相手のことを気にしすぎ、気をつかいすぎているように見えます。こちらから話しかると、変な表情をされたことがありました。知らない人と話す習慣がないという感じです。あまり外国人との交流を好まないのでしょうか。

私はベルギーの大学で、日本のことを学んでいます。論文に使う文献を求めて今回で四度目の来日です。日本行きが決まり、その記念に左右の腕に好きな四字熟語のタトゥーを入れました。ひとつは誰とでも「以心伝心」できたらいいなと。もうひとつは、誰でも人生で躓くことはあるけど、転んだら起きればいい、むしろ起き方が大切という気持ちを込めて「七転八起」と入れました。

大学を卒業後は、日本語、韓国語、オランダ語、フランス語、英語の技能を生かして、日本で活躍したいです。（二〇一六年七月、取材）

学んだことを活かせる平和と自由の国を望む

モハメド・ジャコブラさん［パレスチナ自治区］

一九八九年UAEドバイ生まれ。ドバイとヨルダンで幼少期の生活を送った後、パレスチナのナーブルスへ移住し大学卒業まですごした。文部科学省の奨学金を得て来日。横浜国立大学の大学院で電子工学を専攻。二〇一七年九月の卒業をめざしている。滞日四年目。

憧れの国に来て、各地をめぐる

日本については、インターネットやテレビの技術が発達していて、あらゆる組織がきちんとしている国であること、高層ビルが建ち並ぶ東京や横浜などの大都会がある一方で、田舎には豊かな自然がある美しい国だということを知り、憧れていました。パレスチナの大学を出た後、日本の文部科学省が主催する奨学金のテストに挑戦して合格できました。日本語に対する不安はありましたが、それよりも憧れの気持ちの方が勝りました。

私は小・中・高では英語と母語のアラビア語を、大学ではドイツ語、フランス語、スペイン語を勉強しました。日本語は来日してすぐに横浜国大の留学生センターで半年間勉強しました。ひらがな、カタカナは問題なく使いこなせています。漢字は意味が分かるようになりましたが、読み方がいくつもあって難しいです。ユーチューブやテレビ、日本人の友達からも学んで、買い物や日常会話はこなせるようになりました。

月曜日から金曜日にかけて、九時から一九時頃まで大学で勉強漬けの毎日です。休日は大好きな自然の中に身を置いて、ハイキングやウォーキングをしたり、大学近くのジムで汗を流したり、映画を観たりしています。母に作り方を聞いて、ひよこ豆を使ったフライドボールや、オリーブオイルを使ったパレスチナの料理を自分で作ってみることもあります。

休暇を利用して四年のあいだに日本各地へ出かけました。高尾山、日光男体山、中禅寺湖、富士五湖、箱根、伊豆、千葉、埼玉、名古屋、広島に出かけました。卒業までに沖縄や北海道にも行ってみたいです。

登山が好きで、今年の夏は日本一の富士山へ行き、五合目から二日かけて登ってきました。頂上で御来光を待ったのですが、雨まじりの曇り空のため、見ることができませんでした。

パレスチナにジョルジームという一〇〇〇メートルくらいの山がありますが、イスラエルの兵隊が絶えず待機して見張っているので登ったことがありません。

日本人とは、まだ友情関係を築けないまま

パレスチナの人達は率直にものを言います。バスや乗り物で、知らない人同士が話すのも普通のこと。日本人はものの言い方が控えめなので、意味の理解に苦労するし、困惑させられることもしばしばです。そんなふうに、普段は控えめで静かな人達が、飲み会の場になると別人のように大声でよく喋り、奇妙でおかしなことを言ったりします。そして翌日のキャンパスでは、何もなかったように、いつもの静かな人に戻っています。そんなことに戸惑いを覚え、日本人がどんなことを考えているのかが分からず、未だに日本人の誰とも深い友情関係を持てていません。私はイスラム教徒なのでアルコール類は飲まないし、飲み会にも参加しないので、どうすればいいのか、悩みます。

ところで、母国では教授を姓で呼んだことがなく、垣根のない、よい雰囲気で対等に名前を呼び合っていました。大学院の研究室には今、総勢二〇人いますが、それぞれタンザニア、ケニア、中国、ナイジェリア、パレスチナ出身の私達外国人は、年齢など意識せずに打ち解けて名前を呼び合っています。日本人はたった一年違うだけでも、敬語を使う習慣があることに驚きました。年齢のために対等になれず、距離を縮められないのは残念です。

日本人は、なにごとによらずマニュアル化やルール化が好きです。プラットフォームで列になって並んで電車を待つマナーも、レストランや店のサービスマナーもすばらしい。でも、いろいろな種類の客に対する臨機応変さや、その場の状況に応じた柔軟なサービスをマニュアルが阻害しているよう

な気がします。人間関係にしても、社会のことにしても、ルールが厳しすぎるのではないでしょうか。

私の国パレスチナは、イスラエル領を除くと地中海沿岸のガザ地区とヨルダン川西岸地区に分かれています。パレスチナ人とイスラエル人との紛争で常に情勢の不安定な地域となっており、住民はみな、平和と自由を切望しています。

ベツレヘムはエルサレムから南に一〇キロ、私の出身地ナーブルスはエルサレムから北に四九キロの商業都市です。エルサレムは東側も西側もイスラエルのコントロール下に置かれています。大学に通うのにも毎朝IDカードの提示を求められ、バッグなどの所持品検査や機械によるボディチェックがあり、キャンパスはバスでわずか三〇分の所なのに、いつも片道二時間もかかっていました。

パレスチナには国際空港がありません。出入国は厳しく、パレスチナのパスポートと、ヨルダンテンポラリーパスポートでヨルダンから出入国するのですが、一日の人数制限があり、ここでもイスラエル人が厳しくチェックしています。

現在、私は太陽光発電について勉強していますが、パレスチナには自前の発電所がなく、水も電気もイスラエルから供給されています。帰国してもせっかくの能力を活かすチャンスはなさそうです。だから今は、東京か横浜でのエレクトロニクス関係の就職を考えています。（二〇一六年一〇月、取材）

夫はリトアニア駐日大使
私は『日本人のポートレート』執筆中

ガリナ・メイルーニエネさん［**リトアニア共和国**］

リトアニアの首都ヴィリニュスにあるヴィリニュス大学で言語学を専攻。卒業後、公務員として検察庁に勤務。その後、外交官をめざし大学院へ進む。二〇一〇年外務省入省後まもなく、同じ外交官の夫が駐日リトアニア大使に任命されたのを受けて、二〇一三年に来日。滞日三年余。

茶道、華道、日本料理のクラスに参加

リトアニアの首都ヴィリニュスの大学で言語学を専攻していました。その際にいくつかの言語に通じるようになりましたが、習得した言語に用いられる文字とは体系のまったく異なる「カタカナ」、「ひらがな」と出合い、日本語に強い関心を持ちました。大学卒業後、公務員としてヴィリニュス市検察庁に就職し翻訳の仕事をしていたとき、「Japan foundation」の海外の外交官・公務員のための日本語研修の募集が目に入りました。二〇〇五年頃だったと思います。

その頃には言葉への関心だけでなく日本の文化が大好きになっていて、何冊もの日本に関する本を

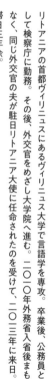

読んでいました。ただし日本語はまだよく分からないままでしたから、日本語を勉強したいと応募して合格し、この得られたチャンスに感激しました。

　私が参加したプログラムは「日本語研修」という名前でしたが、日本語の勉強だけではなく、日本文化を実地で学ぶための研修でした。茶道、華道のイベントや、和太鼓の演奏、日本料理を作るクラスも受講しました。平日の朝八時から三時まで、毎日でした。三歳の娘を母国の家族に預けて来日したので、毎日のように娘に連絡して、日本で見たものやあったことを伝えました。それで娘も日本が大好きになったようです。

　日本のことは来日前にも勉強していましたが、あの研修のおかげで文化的、歴史的なことがよりいっそう理解できるようになりました。また、各国から集まった外交官・公務員の研修生達との九か月間に及ぶ交流体験で刺激も受け、「外交官になりたい」と心が大きく動きました。

　帰国後、市検察庁での翻訳の仕事に戻り、夢の実現に向けて母校の大学院の修士課程で政治学と国際関係論を勉強し、二〇一〇年には外務省に入ることができました。二〇一三年に外交官の夫が駐日大使に任命され、駐日リトアニア大使の夫人として来日が決まったときは、嬉しさで胸がいっぱいになりました。

大使夫人としてリトアニアのPRに努める

大使夫人として、日本国内でリトアニアのＰＲに努めています。東京だけでなく、九州、四国など各地を訪れ、リトアニアの観光セミナーや郷土料理の教室を開催しています。折を見て、日本各地の学校に出かけては、授業の一環としてリトアニアについて面白い情報などを盛り込みながら紹介しています。夫といっしょに大学に行って講演をしたこともあります。

最近（二〇一六年時点）、二〇二〇年の東京五輪・パラリンピック大会の際にリトアニアの代表選手団が神奈川県平塚市をベースに事前キャンプをすることが決定しました。それを受けてホストタウンに登録された平塚市役所が開催している「リトアニア展」を夫と見学してきました。大使夫人としての活動を通して、たくさんの熱心な日本人の方々にお目にかかることができ、忙しいけれどとても楽しい日々を送っています。

私は今『日本人のポートレート』という本の執筆にとりかかっています。日本の文化について二〇数名に及ぶ専門家にお会いし、レクチャーを受けています。お話をうかがう際には「東照宮を修理した人達の話」とか、「歌舞伎のかつらは何で作られているのか」、「能の面の表情は何を表しているのか」などと、たくさんの質問をぶつけています。でもみなさんは嫌がることなく、親切に説明をしてくださいます。

日本の文化の中でも、お寺や神社はとくに好きで、奈良、京都、高野山、伊勢神宮に行ったことがあります。歌舞伎も大好きです。歌舞伎俳優のご家族とお友達で、これまで数々の演目を歌舞伎座で拝見しました。ディナーをごいっしょする際には、歌舞伎について、いろいろな質問をします。歌舞伎は歴史的な物語を見ることができるすばらしい演劇です。こうした伝統芸能をより深く理解するためにも、文化、歴史だけでなく、古い日本語についてもっと勉強しなければならないと思っています。

今、楽しみなのは農業体験です。九州の農家を訪れ機械を運転させてもらって田植えをしました。茨城県の農家に一泊、畑仕事も体験させていただきました。日本の蛍を見たときは、まるで魔法を見ているようだと思いました。地方で生まれ、子どもの頃から畑の仕事を手伝っていたので、畑仕事が大好きなのです。大使館の仕事と両立して、良い気分転換になっています。

日本の文化はすばらしい。日本人は、他の人のために心を遣うことに熱心です。ある雨の日のことでしたが、買い物をしたお店で紙袋の上からビニールを被せてくれました。この行き届いたサービスは、私の心を喜びでいっぱいにしてくれました。

私たちの国リトアニアは林や森が多く、三〇〇〇を超える湖と三万の入り江があり、自然豊かな所です。中心部にあるかつての首都カウナスには、杉原千畝記念館があります。日本とは伝統的に友好的な関係を取り結んでいます。治安も良く、通貨はユーロを導入しています。

夫の任期は五年、残り少なくなっています。大使夫人として日本との交流を深めながら、日本の文化を学び、なんとか『日本人のポートレート』を書き終えたいと思っています。（二〇一六年一〇月、取材）

第4章

心の国際交流を 2017—2020

ウガンダのアブラハム・カリガムべさんは、国際交流の場で「アフリカの真珠・ウガンダ」と題して母国を紹介されました。国旗の三色は、肌色の黒、太陽の黄、かつて流された血の赤のこと。民族が流した血の色を国旗に入れている国はまだまだあります。戦争・紛争・内乱のない「平和」を、みなさんが希求されていました。心を込めて、同感です。南アフリカに囲まれたレソト王国のムポローさんは同国の一等書記官です。自国の紹介と観光PRに熱心で、「外交の仕事を続けます」と意気軒昂でした。

NGO「国境なきアーティストたち」を立ち上げる

エクトル・シエラさん［コロンビア共和国］

一九六五年生まれ。高校を卒業後に映画監督学を学ぶためソ連のキエフ大学に留学。卒業してコロンビアに戻り、大学で映画について教え、テレビ局でニュースの編集に携わる。大学時代に来た日本の印象が強く、九三年に二度目の来日。日本大学大学院芸術学部修士、博士課程修了。絵本作家、人道活動家、大学講師。滞日二四年。

平和を求めて、念願の再来日を果たす

コロンビアの高校を卒業後、映画づくりに興味を持ち、旧ソ連のキエフ大学に留学しました。そのとき、チェルノブイリ原発事故（一九八六年四月二六日）が起きました。公的には知らされませんが、「起きたらしい、避難した方がいいらしい」という噂が耳に入ってきました。それを聞いて金沢大学に留学しているコロンビア人の友達を訪ねることにし、初めて日本に来ました。

キエフ大学留学中にギリシャ、スペイン、フランス、ドイツなどヨーロッパへ行ったことはありましたが、日本のことは「侍、クロサワ」くらいしか知りませんでした。二か月間の滞在中に、ヒッチハ

イクをしながら東京、京都、大阪、奈良、鎌倉を訪ねました。神道、仏教、儒教の伝統が根源にありながら、近代的に発達した文化的な国で、その両極端のコントラストが印象に残りました。「日本をもっと理解してみたい。I will be back! I shall return!」と心に誓い、キエフに戻り、大学を卒業しました。

キエフからコロンビアに戻って、留学で学んだことを活かしながら楽しい、忙しい四年間をすごしましたが、日本への思いは消えることはありませんでした。その後、文部科学省のスカラーシップの情報を得て、日本への国費留学生のチャンスを掴み、九三年に日本大学芸術学部修士、博士課程の研究生として再来日しました。

大学院の修士作品として民族紛争のドキュメンタリーを制作しようとコソヴォに行きました。その後、紛争被災地の子ども達へのＮＧＯ活動「国境なきアーティストたち」を立ち上げました。コソヴォ、東ティモール、ユーゴスラヴィア、ニューヨーク、アフガニスタンの子どもにクレヨンと画用紙をプレゼントし、傷ついた心を吐露する機会を与えるなど、日本の書道や折り紙をいっしょに体験してもらうボランティア活動をしました。「戦争は怖かった。けど戦争がなかったらエクトルに会えなかったね」と言った少年の笑顔が忘れられません。

ＮＨＫ「スペイン語会話」にレギュラー出演しました。現在、大学でスペイン語、英語、ロシア語の言語、文学、メディア論などを週三回教えているので、その授業のための準備があります。人生論を織り込んだ絵本の原稿づくりにも取りかかっています。

英語、スペイン語、ロシア語、日本語を話せます。慣れない頃、日本人と日本語で話していると難しさが先に立って神経を集中しているせいか疲労困憊しました。今は初めて耳にする単語との遭遇が楽しい発見と思え、まったく疲れません。

五〇年を超えるゲリラ達との紛争の中で育つ

日本は国家の力がどこにでも届いていて、形式を大事にする、規律が多い社会主義の国に見えます。コロンビアは国や政府が関与しないところがたくさんあって、実力主義です。

日本人は礼儀正しくて、縦社会がよくできていて、そのなかでは尊敬語を使います。自分らしさなど出して少し目立つとのけ者にされるので、平等で、同じ主義が尊重されるようです。

コロンビアでは子どもの頃から「自分の意見を持たなきゃダメよ。自分の視点を持ちなさい。個性と独創性のある人間になりなさい」と言われて育ちました。

日本で起きている過労死の問題が気になります。効果的に働いて、残業を減らすように何とかできないのでしょうか。平和な国なのに、日本人って幸せじゃないの？　毎年三万人も自殺する人がいるなんて、信じられません。

私は内戦が続くコロンビアに生まれ、五〇年を超えるゲリラ達との紛争の中で育ちました。二期目に入ったサントス大統領は内戦終結に向けての努力が評価されて、二〇一六年一〇月にノーベル平和賞を授与されました。もちろん、コロンビア人は心から平和を望んでいます。しかし内戦下でも、八〇%の人が自分は幸福だと感じられる国民性です。

たとえば「いじめ」についてですが、これは日本独特のものだと感じています。「みんな対ひとり」、言葉や仲間はずれなど精神的、肉体的に陰湿な暴力を加える「いじめ」を、他言語ではしっくり訳せません。ニュアンスを伝えられません。

インターネット社会の情報過多による学習意欲の減少なのか、好奇心もない学生が気がかりです。理解力は別のもの、自ら積極的にプレゼンテーション、ディベートに参加して知識とデータを自分のものにできるよう、理解力を深められるよう学生には厳しく指導しています。

父は他界しましたが、母がひとりでコロンビアに住んでいます。兄弟はアメリカにふたりいて、妹がカナダ、私はウズベキスタン人の妻と新宿区四谷に住んでいます。

これからも大学での教育活動を続けていきます。今までに『国境なきアーティスト』、『あの日のことを　かきました』、『なけない　ちっちゃい　かえる』の三冊を出版しました。本の出版も続けます。（二〇一七年一月、取材）

夢は、会社経営とラテン語の教師

マチュー・レヌアールさん［フランス共和国］

一九九四年、フランス生まれ。父親の仕事の関係でイタリア、イギリス、スイス、ベルギーへと移り住む。八人きょうだいの長男。父親はロンドン在住、母親と弟妹達はブリュッセルで暮らす。家族と離れ、ひとりで故国フランスのリヨン大学に留学中の二〇一六年一〇月、横浜国立大学交換留学生となり、日本語と経営学を学ぶ。滞日四か月。

日本に、違和感と驚きと強い関心をいだく

高校を卒業して一年間はグラフィック・デザイン会社で働いたことがあります。オーストラリアに三か月間、英語留学をしました。

四年前の一九歳のとき、琵琶湖の近くに住む日本人の友達を訪ねて初めて日本に来ました。三か月間、主に観光旅行での滞在になりました。フランスのリヨン大学の二年生のとき、一年間の予定で二度目の来日がかない、横浜国立大学で日本語と経営学を学んでいます。

僕は、それぞれの人の独立心、個性を重んじるのがあたりまえと思ってきました。ところが日本で

は、自分の価値観とはまったく異なり、中学生や高校生が制服を素直に着ていることに違和感と驚きと、強い関心をいだきました。

日本の社会は、コミュニティやグループが重要なのだということも感じています。今まで生活してきたフランス、イタリア、イギリス、スイス、ベルギー、オーストラリアなど、どの国でも体験したことがなかったので、深く印象に残り、興味がわきました。

横浜市南区にある横浜国立大学留学生会館に住み、毎日四〇分の自転車通学をしています。キャンパスは山の上なので、いい運動になります。大学では二か国語を話すフランス人の教授と、日本人の教授から講義を受けています。

週末は、住んでいる近くを走る京浜急行線の周辺や図書館に出かけています。小さな寺を見て歩くのが好きで、よく写真を撮ります。その写真をノートにまとめ、手紙やメールで友達に送ることもあります。今までに滋賀、京都、広島、大阪に行きました。日本人の友達が四国の温泉にも連れて行ってくれましたが、裸で風呂に入るのは、一度でもう十分です。

リヨンの学生寮では、お米を買って炊飯器で炊いていましたが、日本ではしていません。日本の食べ物はおいしく、なかでも納豆は大好き、毎日晩ご飯に食べています。買い物は住んでいる近くの弘明寺アーケードでします。とても便利です。

外食は高くつくので、毎日はできません。先日、初めてランチボックス（弁当箱）を買いました。平日は六時半に起床。朝食、昼食、夕食の料理は自炊しています。それには理由があって、日本でもっといろいろな所に出かけ、見学したいので、貯金をするためです。ただし、毎週末の土曜日の晩御飯は、奮発して外で日本のおいしい料理を食べています。

日本人はフレンドリー、自己中心ではない

日本語を勉強しているのは、日本の文化を理解したいからです。茶道、華道、武道、歌舞伎、能、とくに一五世紀から一六世紀にかけての絵画美術、版画家に興味があります。今年の春休みと夏休みは、美術館に出かけたいです。

勉強が大好きなので健康に気をつけることをうっかり忘れてしまいがちです。それを知っている家族から、ときどきチェックが届きます。父は教育者、母は気が短いけれど優しい専業主婦です。テストの成績が六〇％のとき、母は厳しかったのに、父は次に頑張りなさいと優しかったです。両親に心配かけないよう、スカイプで連絡し合い、健康に気をつけなくてはと思っています。

先月、横浜市内の緑園都市にある地域が主催する国際交流トークサロンで話をする機会がありました。テーマは「フランスはパリだけではない」です。参加者は、その地に暮らす日本人三〇人ほどです。プロジェクターを使ってフランスを構成するノルマンディ、ブルターニュ、プロヴァンス、オーヴェルニュ、アルザス・ロレーヌの五つの州の歴史、文化、料理、風景、建築などを紹介しました。残

念ですが、まだ日本語をうまく話すことができません。僕のフランス語の後、司会者が日本語に通訳するスタイルで実施しました。大学とは違った体験で新鮮でした。

日本人は閉鎖的だと思っていました。ですが、私から挨拶すると、すごく笑顔で挨拶を返してくれることを知りました。フレンドリーなのですね。リレーションシップはとてもいい。個人でなく、コミュニティ、グループ社会が何より重要と考えている日本の人達を尊敬します。ルールに従って行動していて、自己中心ではありません。礼儀正しいです。

八月に帰国予定です。リヨン大学に戻って、経営学と日本語をあと二年間勉強します。将来は日本を拠点にして働きたいという夢を持っています。自分でインターナショナルカンパニーを経営したいのです。

教師になるのも夢です。英語、フランス語、ラテン語が話せます。一二歳から両親に勧められ、ラテン語を教える私立の中学校で勉強しました。日本人は興味がないかもしれませんが、大好きなラテン語を教える先生になりたいです。（二〇一七年二月、取材）

ハンガリーと日本 文法や生活習慣も似ている

スゴル・ヴァレンティナさん［ハンガリー共和国］

一九九四年、ハンガリー中央部の都市ケチケメートに生まれ育つ。二〇一三年、埼玉県の城西大学現代政策学部に一年間留学。ハンガリーの大学院生だった二〇一七年、横浜国立大学の特別聴講学生として二度目の来日。日本を学ぶにつれ、ハンガリー民族には、アジアの血も流れていると感じるようになったという。滞日通算一年半。

日本の音楽などが好きで、留学を望む

日本のドラマやポップ音楽に惹かれ、大好きになりました。初めて日本語を聞いたとき、音の響きが美しいと感じました。ハンガリーにある大学で日本語を教えるのは二校だけ。そのうちの一校を選び、国際コミュニケーション・メディアを勉強することにしました。日本語副専攻で日本学を選び、学ぶうちに日本をこの目で見たいと思うようになりました。

　ハンガリーの大学の二年生を終え、埼玉県の城西大学に一年間留学しました。英語の授業のほかに日本語のみの授業があり、少しは国で勉強してきたのにとても難しかったです。日本人はグループ意

識が強いと感じたのは、このときでした。日本人は自分の国、自分の友人がいるので、留学生の私が日本人と友達になろうとするのは難しいことでした。帰国しても日本語を忘れないようにとＳＮＳを始めると、日本人の友人ができました。二度目の来日が実現したので、東京でよく会っています。

私の大学では、ヨーロッパや日本へ留学して取得した単位の中味が、母国の大学と八〇％の割合でマッチしていなければ、卒業単位に加えてもらえません。私は幸いハンガリーの大学に戻って三年生の勉強をし直し、大学を卒業して大学院に進学することができました。

昨年秋から、文部科学省の日本語・日本文化研修留学プログラムに参加して横浜国立大学に留学中です。南区にある大岡インターナショナルレジデンスに住んでいます。出身地であるハンガリーの大平原と異なり、横浜は山も見えて最高です。昨年は、日本語スピーチ大会の司会を務めました。キャンパスで、居合道や書道を半年間体験することもできました。

ルービックキューブはハンガリーの数学者ルービックが考案したものです。ルービックキューブが、日本の一〇〇円ショップで安く売られているのに驚きました。

ハンガリーのエスカレーターは勾配が急で長く、スピードがあります。日本のエスカレーターはものすごく遅い。おまけに距離が短く歩いた方がずっと早い所でも、大勢の人が列を作って順番を待って乗るのが不思議です。

私の国の公用語はハンガリー語です。年月日や名前の言い方、敬語があること、動詞が後ろにくる文法など、日本語との共通点があります。今では英語よりも日本語の方が聞き取りやすくなりました。ところで、日本の交通費はとても高いですね。日本での私の資格は、横浜国大特別聴講学生で、残念ながら学生割引はいっさい通用しません。ハンガリーでは年齢に関係なく、学生の資格があれば超安価でブダペスト市内の地下鉄、電車、船が乗り放題です。春になると、よく友達とドリンクを買って船旅をしました。それでも日本国内、いろいろな所を巡りました。大阪、京都、奈良、広島などへ行きました。宮島の厳島神社は、人生でもっとも印象深い場所です。自然が豊かな箱根では夕陽がとても美しく、新潟では初めてスキーを体験しました。富士山が見たいので五月にはまた箱根へ行きます。六月は金沢へ灯篭流しを見に行きます。

卒業論文は「大河ドラマ」をテーマに執筆

NHK大河ドラマが面白いです。普通の日本語と違って使われる言語が難しいので、英語の字幕で見ています。留学の目的である日本学プロジェクトの仕上げ論文は「大河ドラマ」がテーマです。「今の日本の若者は見ていますか?」、「ドラマの撮影地を旅行先に選んだことがありますか?」、「ドラマの視聴者は?」など、いろいろと尋ねたいことを、グーグルからリンクさせて発信しています。回答が多ければ多いほど嬉しいです。論文は八月中に完成させます。

日本では、お年寄りに対して若い人が席を譲ろうとしませんね。私が席を譲ると、とても喜んでくれて何回も、電車を降りるときまでお礼を言われました。ハンガリーでは譲るのが当然で、「なぜ、座っているの！」と言われます。「優先席」の表示などありません。

電車では、ハンドバッグに妊娠していることを示すタグを付けている人をよく見かけます。ハンガリーではそのようなタグは見たことがありませんが、日本と同じようにハンガリーも少子高齢化です。結婚すると、収入額のチェックはあまり厳しくなく生活援助を受けることができます。子どもを産むと国からお金がもらえます。家を買いたかったら、三人の子どもをもうけて公的機関に書類を提出し、有利な条件でお金を借りることです。イビデン（パソコン・携帯用ＩＣパッケージで世界トップ）、日清（食品）、スズキ（車）など日本の企業があります。

ハンガリーには、大きな湖と河がありますが、大きな山や海がありません。でも四季があります。ブダペストには温泉がたくさんあって、観光地なので交通機関は二四時間利用できます。誇れる有名な音楽家はリストです。アニメーション映画『サウルの息子』はゴールデングローブ賞、カンヌのグランプリとアカデミー賞を受賞しました。

約半年後の九月に帰国して、大学院の修了に努めます。そしてまた近い将来日本に来て、英語、日本語、ハンガリー語を活かして国際企業で働きたいと思っています。

ハンガリーでも靴を脱いでから室内に入るのが生活習慣です。日本の生活に、より親近感を持っています。（二〇一七年四月、取材）

新旧文化がミックスされた暮らしが面白い

カルロス・コルテスさん［メキシコ合衆国］

一九八七年生まれ。文部科学省の奨学金のテストにパスし、二〇一三年四月から慶應義塾大学大学院矢上キャンパスに留学。マスターコースを二〇一五年三月に卒業し、ドクターコースの二年生に在籍。コンピューターのプロセッサー、デザイン、開発など最先端の勉強を続けながら、経験を活かして教授のアシスタントを務める。滞日四年。

学びと視野を広げるために日本へ

高校生のときから、大学院で学びたいという夢を持っていました。メキシコの大学を卒業した後にコンピューター会社に勤務し、そのとき「将来は大学院で勉強したい」という気持ちを会社の先輩に打ち明けました。すると「外国へ行って学ぶ方がいい。経験をかさね、視野を広げるためにも」というアドバイスが返ってきました。さっそく、コンピューターの分野に絞って世界中の大学のインフォメーションを検索しました。

アメリカに行ったことはありますが、好きにはなれませんでした。テクノロジーにすぐれ、イノベーションがさかんで、ホンダ、トヨタ、スズキ、日産、ソニー、三菱など高評価を受ける企業が多く、大学時代に楽しかった旅の思い出がある日本がいいとなりました。マナーが良いとも聞いていました。日々の生活はとても大切です。日本への留学を決心しました。

子どものとき、母親からもらった貯金箱に、近所の人に頼まれてお手伝いしたご褒美のお金を入れていました。自分で働いて得たお金も貯めていました。その貯金を初めて使って、八年前の二二歳のとき、大学の友達と三人で日本に来ました。あえてメキシコにない冬の季節、一月から二月にかけての三週間を選びました。初めての日本でしたが、友達のひとりが日本人を親に持ち、日本語がペラペラなので、いろいろな場所を案内してくれました。

札幌の雪まつりでは、大きな建物、映画のキャラクターなど、すばらしい雪の芸術作品を初めて見ました。とても寒かったですが、面白かった。メキシコでは経験したことがない氷が張った道で、何度も滑って転びました。

テクノロジー、アニメ、マンガは好きですが、オタクではありません。秋葉原はパスして、東京タワー、渋谷、にぎやかな商店街のアメ横を歩きました。横浜は、みなとみらいと中華街、新幹線に初めて乗って大阪、広島にも行きました。大阪へ行くときに、富士山を車中から眺めました。アニメでよく目にしていたとはいえ、実際の景色は格別でした。

先端テクノロジーと共に、畳の生活をしている日本の、新旧文化のミックスが面白くて好きです。

四年前、高校生からの夢を実現するチャンスをつかんで再度来日しました。文部科学省の奨学金は一年間だけです。メキシコでは、誰もが高校生から働きながら勉強しています。大学時代も働いていたので、僕にとっては大学院生活も同じです。ここは日本ですが、働きながら大学院で勉強を続けています。

住んでいる国際学生会館では、留学生役員会のメンバーになっています。月曜日から金・土・日まで、研究や仕事があれば毎日出かけます。スペイン語と英語を教え、大学では教授のアシスタントも務めています。メンテナンスやウィルス対策なども手掛けています。フリータイムがあれば、ジョギングでリフレッシュします。睡眠時間は六時間で充分。時間はフル活用するよう心掛けています。研究のプレゼンテーションや観光旅行で、九州、兵庫、沖縄、台湾、アメリカ、母国メキシコなどへ出かけました。

ルールに縛られない気楽さも必要では！

日本人は、何でもルールをきちんと決めます。始める時間が七時、終える時間が九時であれば、本当にみんながそれを守ります。メキシコもルールはありますが守りません。始める時間の一時間後に集まって、終わりの時間などまったく気にしません。そんな習慣で育った私ですが、日本に住んで四年、時間厳守が身につきました。

その一方で、日本人は「ルールを守らなければ」と、いろいろなプレッシャーに縛られているのでは、とも感じます。ルールがあり過ぎて、たとえば大学のメンバーと利用する普通のレストランなのに、「金曜日の夜ご飯を五人で」となると、必ず前もって予約をしなければなりません。カレンダーに予約の日時を記すと、自分が予約に縛られているようで、煩わしいものです。メキシコでは自分の時間がちょっとできたときに、友達を誘っていつでもぶらりと気楽に行ける店がほとんどです。

日本の文化のよさは、第一に丁寧であることです。社長、年上の人、友人と交わす言葉も変わります。いっぽう、メキシコ人の陽気でフレンドリーでリラックスできるオープンな雰囲気は、国民として自慢です。

ところで、日本ではビジネスマンでも学生でも、よく電車の中などで寝ている人がいますが、それは良いことなのですか？　気をつけてください。財布を後ろのポケットに入れている人、喫茶店などでバッグや荷物を席に置いたまま平気で席を離れる人がいることに、とても驚きます。日本は、ほんとうに安全な国です。

二〇一九年三月には大学院を修了予定です。就職はインターナショナルカンパニーを望んでいます。メキシコにプロジェクトを立ち上げ、小中高生を対象にしたサマースクールで研究者を希望する後継者を養成して、母国に貢献したいです。（二〇一七年七月、取材）

「鉄腕アトム」に始まった宇宙科学研究者の道

アブラハム・カリガムベさん［ウガンダ共和国］

二八歳の二〇一七年四月、宇宙科学を勉強するため初めて日本へ。横浜国立大学で日本語を勉強し、九月にＪＡＸＡ相模原キャンパス内に引っ越した。一〇月からは総合研究大学院大学で物理科学研究科宇宙科学を専攻、世界各国からの研究者と宇宙科学に取り組む。滞日半年。

宇宙科学技術を学ぼうと日本留学

ウガンダの首都カンパラの出身です。日本のテクノロジーがすばらしいこと、日本人は勤勉であることを知り、また車やアニメなど「日本」の話題が身の周りにたくさんありました。

九歳のとき、日本のアニメ『鉄腕アトム』を見て、宇宙に興味を持つようになりました。アポロの月面着陸をアメリカで出版された本で読み、ますます興味が広がりました。勉強は小さい頃から大好きです。

大学では電気技術工学を勉強して、卒業後は中国系の会社ファーウェイテクノロジーというテレコミュニケーションカンパニーで三年間働きました。大学で学んだ電気技術工学と宇宙科学は共通するものがあります。日本で宇宙科学技術を学ぼうと、文部科学省のスカラーシップを知り、受験しました。二〇〇人の応募があり合格者はわずか三人とのこと。難関でした。合格できて幸せです。日本は私にとって初めての外国となりました。

横浜市南区の横浜国立大学インターナショナルレジデンスが最初の生活の拠点です。ここから五か月間、横浜国立大学に通いました。インド人とブラジル人の学生も、私と同じく日本が初めてというので、インターネットで調べて観光することにしました。

横浜では山下公園とみなとみらいへ、東京では東京スカイツリー、浅草、渋谷、新宿、秋葉原へ行きました。どこへ行っても安全なことに驚きました。自然も美しく、街もきれい。日本人は親切で、グッドマナーの人ばかりです。伝統文化の歌舞伎を見にも行きました。ウガンダにも男の人が女役を演じる、似たような芝居があって安く見ることができます。

私の宗教はキリスト教とイスラム教のミックスです。ときどきは料理をしますが、フライドチキン、パスタ、ヌードル、ラーメン、カレーを大学のカフェテリアでよく食べました。日本の米は、ウガンダのパラパラの米とは少し違うけれど、おいしいです。

「アフリカの真珠」として、ウガンダを紹介

九月、横浜市民が主催する国際交流トークサロンのイベントに呼ばれました。「アフリカの真珠・ウ

ガンダ」というテーマで、プロジェクターを使って英語でしたが、母国を紹介しました。熱心に聞いてくださり、質問も活発で、充実した二時間でした。学生生活だけでは出会えない日本人と接する、とてもよい体験でした。

それから間もなく、住んでいた横浜市からＪＡＸＡ相模原キャンパスに移りました。大好きな自然環境の中で、いよいよ研究生活が始まります。

ウガンダの国旗に使われている三色は肌の色の黒、太陽の黄、かつて流された血の赤を表し、中央に鳥がいます。東アフリカの熱帯にあり、気温は高いときで摂氏二五度、低いときでも摂氏一八度と、年中すごしやすい気候です。土地は肥沃で、河川、山地、地溝帯、草原、林がいたる所にあり、大自然に恵まれた多様な野生動物や鳥の宝庫です。一年中ずっと雪をかぶっている五〇〇〇メートルのルウエンゾリ山があり、世界最長のナイル川の源流があります。ビクトリア湖、アルバート湖、エドワード湖をはじめ、多くの湖があります。

ウガンダを「アフリカの真珠」と賛美したのはイギリスのチャーチル首相です。八六年に就任したムセベイ大統領は、二〇一六年に五選されました。国内は内戦がなくピースフルですが、五〇ほどの部族がいて、強盗、スリ、泥棒などの事件が頻繁に起きます。安全ではないので、外国から観光客はほとんど来ません。

ウガンダ国内には安価な中国製品が多く出回っていますが、壊れてしまうことが多いようです。日本製品は高いけれど、どれも品質が良いと評判です。スカイプはありません。ウガンダではWhatsAppがポピュラーです。家族と連絡を取り合っています。

私は四人きょうだいで、いちばん上に兄、ふたりの姉がいて、末っ子です。三人ともオフィスで働いていいます（ウガンダでは女性はほとんど職業を持ちませんが）。公用語は英語、スワヒリ語ですが、五〇ほどの部族が話す、四五くらいの言語が使われています。

山坂が多いので自転車に乗る人は少なく、多くの人がモーターバイクに乗っています。主な交通機関はオートバイクで、電車はありません。マラリアやエイズに罹って死亡する人とモーターバイクによる事故死などが多いです。

ウガンダから日本へは、首都カンパラからケニアのナイロビ、アラブ首長国連邦のドバイを経由して成田へ、二三時間ほどかかります。

一〇月から総合研究大学院大学で二年間研究生活です。修了後はウガンダに戻り、大学教授をします。将来、ウガンダに宇宙科学に関する何かを立ち上げたいと考えています。（二〇一七年一〇月、取材）

大自然を満喫できる「天空の王国」から

ムポローさん［レソト王国］

南アフリカ共和国に四方を囲まれた内陸国、レソト王国の外交官、一等書記官を務める。二〇一六年一月中旬、初めての赴任地、日本へ。港区赤坂のレソト王国大使館に勤務し、二年になる。

慎重過ぎはしませんか？

首都マセルの国立大学を卒業後、中国に留学して修士課程を修了しました。外交官試験にパスし、日本が初仕事の場となりました。海外生活は、中国が最初ですが、自分ではヨーロッパの大使館で働くことになると思っていました。日本についての勉強は多少していましたが、まさかの赴任先でしたので、戸惑うことも多々ありました。

首都マセルは西欧風の都市です。車の渋滞は経験していました。日本での生活が二年ほどになった今、渋滞や人が多いこと、電車の混雑などは、仕方がないことと我慢できるようになり、生活にも慣れてきました。カルチャーショックはありません。地震と台風を除けば、日本での生活はいたって安全、まったく問題ありません。街もきれいで、誰もが時間に正確です。

銀行で初めて口座を開くのに、ずいぶん時間がかかりました。携帯電話を新しく購入するのにも手続きが大変過ぎました。母国なら五分ぐらいですむと思うのに、日本ではミスのないようにというのか、とても慎重です。こちらもそういうことに耐えなければならない、しかも穏やかにと大変です。いいことなのでしょうが、日本はどうも完璧主義のように感じます。

驚いたのは、衆議院議員選挙の後、国会での天皇のスピーチがわずか二分半だったことです。レソト王国も、国王は日本の天皇と同じく「象徴」ですが、一時間のスピーチをします。

日本の企業にレソトを広く紹介したい

日本の政治的、経済的情報を分析して、即座に本国に送ることが任務です。日本での生活的、外交的な変化や話題など、自分が察知したことを大使館ニュースとして、マスメディアが公式に報道する前に、レソト本国へ発信します。

レソトを観光や投資先として、日本の企業に広く紹介することも仕事です。投資については、主に都内にある企業へ働きかけています。レソトはいまだ知名度が低く、日本でレソトを紹介するイベント参加者に尋ねると、千人のうち二、三人が知っているくらいです。都内や神奈川県内にある小・中・

高校、大学へ出かけて、レソトの紹介と観光のＰＲに努めています。

東京と京都での経済・投資・環境などの会議、また年に四、五回の国際会議、フォーラムやビジネスなどの行事があります。こうした行事に参加するため、レソトから来日する要人、大使館員、一般の人などの面倒を見ることも大事な仕事です。国からの外交官、会社訪問をする政府関係者の日本での滞在が安全であるよう努めています。

レソトは昨年一〇月、イギリスからの独立五〇周年を迎えました。その翌月、本国からレッツィエ三世国王夫妻と随行員一五人の一行が来日、皇居にて天皇謁見をしました。

京都や東京の明治神宮のほか、東日本大震災被災地の相馬市を訪れました。献花をしたり、鎮魂の植樹をしたり、被災者と交流したりの一〇日間ほどでしたが、赴任からまだ一〇か月だったので、ビッグイベントに神経を使いました。現在、ＪＩＣＡによる二人の名古屋大学生とひとりの横浜国立大学生が日本に滞在しています。この留学生三人の面倒も見ています。

個人的に行ってみたい所は、沖縄です。海外ではニューヨーク、ワシントンＤＣ、ロスアンゼルス、ブラジル、エジプト、ギリシャ、パリ、インドネシアなど、たくさんあります。

世界一の標高に位置する国

母国は南アフリカにぐるりと囲まれ、国内で最も低い地点が海抜一四〇〇メートル、と、世界で最も高い標高にある国です。全土の八割以上が海抜一八〇〇メートルを超える高地なので、「天空の王国」と呼ばれています。

日本からレソトへの直行便はなく、南アフリカのヨハネスブルグを経由して首都マセルへ二回乗り継いで約二四時間かかります。ビザなしで九〇日間滞在できます。治安もよいです。四季があり、秋にはコスモスがきれいに咲きます。トレッキング、ピクニック、キャンピング、スキーなど、大自然が満喫できます。首都マセルは高層ビルが建つ都会で、三つ星ホテルがあります。国立公園の近くには安くて気持ちよく泊まれるロッジもあります。

公用語は英語とソト語（バソト人の言語）です。小学三年から英語で全教科を勉強します。義務教育は七年間で無料です。国旗は空と雨を表す青、平和を表す白、恵み豊かな国土と繁栄を表す緑、中央にはバソト人（レソトの民族）の帽子が描かれています。

豊富な水を使い、日本が技術を提供してくれた生簀での鱒の養殖をしています。日本の製品に対する信頼が厚く、車体に書かれた日本語をそのまま消さずにトヨタなどの中古車が街中を走っています。

港区には八〇か国の大使館があり、「港区の大使館スタンプラリー」というイベントに三〇か国の大使館が参加しています。一月中旬から三月末の期間に開催されますので、ぜひご参加ください。私にとって、日本がスタートです。これからも外交官の仕事を続けていきます。（二〇一七年二月、取材）

「おもてなし」という日本独特の文化を体験

ダービー・リアナさん［オーストラリア連邦］

一九九六年生まれ。シドニー工科大学の学生だった二〇一七年四月に横浜国立大学への交換留学生として来日。日本語とビジネスについて学んでいる。シドニーの大学で日本語を専攻し、日本でさらに日本語の勉強を続け、日本人とコミュニケーションできる喜びや楽しさを体験中。滞日一〇か月。

どんな一期一会があるのか楽しみ

父はイギリス人、日本の企業で働き、母と出会って結婚し、仕事の関係でオーストラリアに引っ越しました。母は愛知県豊川市生まれの日本人、今まで家族と母の実家がある愛知県に何度か行きました。家では英語中心なので、日本語を話すことに自信がなく、日本にいる祖父母やその親戚の人達ともっと話したかったので、大学で日本語を学ぶことにしました。

　五年コースの大学生で、専門は日本語とビジネスです。二〇一四年はビジネスを、二〇一五年と二〇一六年の二年間は、日本語とビジネスを勉強しました。大学での必須科目「現地での一年間語学留学」で来日しました。

横浜市南区弘明寺にある横浜国立大学留学生会館に住んで、日本語の授業の他にビジネスの授業は英語で受けています。何度かの家族旅行で来たときとは異なり、ひとりで日本に暮らすことにして、私自身が変わりました。日本人と面白い経験をしたい、自分の日本語が通じるのか試してみたい、日本語で話さなくてはならない環境に自分を置いてみようと、夏休み、福岡から山口への「一日観光バスツアー」の参加を決め、申し込みからすべてを自分でこなしました。

ツアーの参加者は、五〇歳以上の日本人のなかに外国人は私だけ。日本語に自信がないのにツアーを楽しめるだろうかと不安もあったけれど、簡単な会話をいろいろな方と交わすことができて、少し自信が持てました。一日の観光が終わって別れるとき、ある女性から「明日、夫がいないので、車で福岡を一日観光案内してあげましょう」と声をかけられました。そうさせていただくと、お好み焼き屋さんに連れて行ってくださったりして、家族のように楽しい一日をすごしました。

外国人の友達と二人で、沖縄料理のお店に初めて入ったことがありました。メニューには書いてない料理を隣の席でオーダーしておいしそうに食べているのを「何だろう?」と見ていると、その人が「食べてみる?」と声をかけてくれ、ご馳走になりました。とってもおいしかったです。桜木町にある回転寿司店では、真ん中で作っている人がいて、食べながらその人と話すことができるのが好きです。

祖父母とも、以前よりずっと自由にコミュニケーションできるようになりました。日本にいる韓国人、中国人、いろいろな国の人達と日本語で話しています。日本語習得が加速していることを実感します。今までに日光、群馬、秋葉原、東京、浅草、原宿、名古屋、京都、大阪、神戸、広島、下関、そして韓国、台湾へも旅行しました。自転車でしまなみ海道を走り、山梨からは雲があまりなかった富士山を見ることができて、ラッキーでした。

これから札幌の雪まつりを見に出かけます。どんな一期一会があるか楽しみ！

日本には古い歴史と独特の文化がある

愛知県にしか家族（母の親戚）はいなかったのに、一日観光バスツアーに参加して、家族のような人が現れて驚きました。オーストラリア人は知らない人とは話しません。日本には「おもてなし」という特別の文化があること、日本人の親切を実感しています。

イギリス人の父は、日本人と日本の古風な文化や日本の自然が大好きです。家族がいる愛知県の田舎に引っ越したい、お墓に入りたいと言っているほどです。一方オーストラリアは、独立一〇〇年ほどのまだ若い多文化国家です。オーストラリア人には天然ボケというか、マイペースでリラックスなところがあって、私は好きです。日本人は考え過ぎの部分が多く、ストレスがあるだろうなと思います。

一年間の留学で、日本の四季を経験できました。紅葉も、桜も美しかったたし、お祭りも好きです。京都には夏に行きましたが、冬はどんな風情があるのか。ずっと日本にいないと、同じ場所を四季折々に訪ねられません。

オーストラリアでは就職しても三年くらいで転職するのがノーマルです。その経験から学んだことを次の会社へのステップにします。人生は一度だけだから、いろんな経験をしてみて別の方向に行ってみることも必要です。日本より自由を感じられるオーストラリアで就活します。

日本では、高校最後の年は大学受験のために大変そう。その分、大学生活は楽なようです。オーストラリアでは良い大学に入れなくても、大学での成績が重要で、在学中のバイトや旅行も就活に影響します。大学が主催するプログラムに参加し、インドネシアへのインターン、タイでは高校生に英語を教えました。異なった国の人と言語を通じて直接関わってみると、うまく話せなくても意思の疎通や冗談を言い合って、楽しいひとときをシェアできます。ヨドバシカメラにある瞬時に言語を日本語に翻訳してくれるロボットを知っていますか？　面白いけど、自分で話してみることの方が好きです。将来、中国語とフランス語の習得にもチャレンジしたいです。

オーストラリアに帰国して大学に戻り、一年間ビジネスの授業を受け、就活に入ります。日本語を役立て、日本と関わりのある仕事をしよう考えています。（二〇一八年二月、取材）

日本との国交八〇年、特命全権大使を担う

セラヤンディア・マルタ・リディアさん［エルサルバドル共和国］

滞日数十年、茶道、畳、掘り炬燵も好きで、日本が第二の故郷と語る。日本茶は日常生活に欠かせなくなった。神奈川県内の公立小学校で国際理解教育や語学の指導に携わってきた。スペイン語、英語、日本語のフリーランス通訳、翻訳の経験を重ねている。特命全権大使になって七年、過密なスケジュールを精力的にこなす。

教科書で、広島と長崎の原爆写真を見る

エルサルバドルでは小学二年生になると、自分が暮らす地元の「町」について学びます。三年生は自分の国「エルサルバドル」を、五年生は「グアテマラ・ホンジュラス・ニカラグア・コスタリカの中米全体」を、六年生になると「世界」を広く浅く学びます。日本について書かれていた教科書に、広島と長崎の原爆投下の写真が二枚ありました。キノコ雲を見て衝撃を受けました。

当時、エルサルバドルでは日産のダットサンが走り、ラジオはナショナルが使われていて、質が良いと評判でした。「原子爆弾で破壊された国なのに、優れた製品を輸出している。どういう国なのだ

ろう?」と子どもながらに強い関心を持ちました。

私自身は、教育者の家庭で育ちました。母はいつもパワフルで家の主役であり、学校を設立しました。父はサポート役です。学校は幼稚園、小学校、中学校で、現在では一五〇〇人の生徒がいます。図書館にはさまざまな本がありました。

「文字」を右から縦書きする日本語が、私にはとても新鮮でした。中学生のときある本を読んで、西洋の文化を受け入れ日本の近代化の基になった「明治時代」について興味を覚え、さらに調べて文章コンクールに応募しました。残念ながら賞はもらえませんでしたが。

日本には相手を敬う言葉がある

日本人の魅力は、第一にチームワークがすばらしいことです。社会で生きているという強い自覚があるからだと思います。日本語には相手のことを敬う敬語があって、身勝手な人は少なく、自己中心的でなく、他の人のことを考え補い合う思いやりがあります。日本人には、そういう遺伝子が組み込まれているのではないかと思います。

エルサルバドルは親日の国で、「中米の日本」と言われた時期がありました。天然資源が少ないので懸命に働かなければなりません。いかなる困難があっても前向きで働き者です。明るい性格の人が多く、どんなときでもユーモアを忘れません。平和協定の署名によって内戦を終わらせ、今日まで協定を守っていることが国際社会から評価されています。民主主義の第一歩から二六年、日本との国交は八〇周年を迎えています。

国内の交通手段はバスが主で、鉄道はありません。気候は雨季と乾季のみで、平均気温は二六度、太平洋の灯台とも言われています。上空に向かって少し赤い炎が見られる火山国で、温泉がありま す。

首都はサン・サルバドル、スペイン語が公用語です。人口密度は中米一です。通貨はアメリカドルが一般的です。経済力、雇用の機会を上げ、教育力の向上をめざしています。医療面では、薬は有料ですが、国立の医療機関であれば診察は無料です。女性の人権を尊重するように変わりつつあり、女性を守る政府の機関ができました。

ドイツ人エンジニアの指導を受け、ラテンでは地熱発電のパイオニアです。国が使っている電気は地熱発電が二〇%、川が多いので水力発電三〇%、残りは石油などを使った火力発電です。

コーヒーが特産品です。産地の標高によってそれぞれに違った特徴を持つ製品があることが自慢で、量より質で勝負しています。エルサルバドル・コーヒーのほかに、藍染めの産地でもあります。そのインディゴブルーは、国旗の三色旗に使われています。

エルサルバドルの特命全権大使に任命される

二〇一一年、エルサルバドル共和国大使館の特命全権大使に任命されました。すでに七年になります。国をアピールし、日本政府とエルサルバドル政府、国民と政府の友情関係推進の仕事、いろいろなイベントへの参加、また、日本人一般を対象にしたエルサルバドルを紹介する講座を開き、講演をしています。国際交流グループを公邸に招いたり、特産品のコーヒーのＰＲイベントへの参加もあります。大学や日本各地にも出かけて行きます。

「留学生日本語スピーチコンテスト」では審査員をして、「各国大使館員日本語スピーチコンテスト」には二度参加しました。審査員も務めます。高校から大学では、ピアノなど音楽の勉強もしました。今、女性だけの外交官コーラスグループに所属しています。まもなく開催されるコンサートに参加します。趣味を通じ文化交流を楽しんでいます。

エルサルバドル政府にとっては高額でとても補いきれない消防車と救急車を、日本の企業の厚意で贈呈してもらいました。日本語や日本文化に対する興味と好奇心は尽きません。新聞で分からないことがあれば、その場ですぐ調べます。日本が「本」の文化であることに感心しています。本屋さんは楽しい空間です。本を読んだり、散歩をしたり、家族と触れ合ってプライベートな時間をすごします。

将来、大使というポストから離れたとしても、エルサルバドルと日本の懸け橋でありたいです。

（二〇一八年二月、取材）

日本語を克服して学びたい、神道からコンピューターまで

パブロ・レネ・ロペス・デラスさん［グアテマラ共和国］

二〇一七年四月に来日し、横浜国立大学大学院電子工学、最先端のロボットやＡＩの開発研究に取り組む修士課程の一年生、二七歳。積極的に日本文化に触れるイベントに参加し、「新しいことをする機会があれば、何でもやってみよう！」、「みんなに優しくしよう！」をモットーに、初めての外国生活をエンジョイしている。滞日一年二か月。

何でもトライしたい！　大名行列も盆踊りもＯＫ

グアテマラの大学ではソフトエンジニア、コンピューター工学の勉強をしました。大学院でもっと勉強したいと考え、留学先の候補はアメリカか日本かでした。その目的を実現するために大学卒業後に三年間、コンピューターの会社で働きました。

アニメをきっかけに日本の文化に興味を持ち、グアテマラで三年間、グアテマラ人の先生から日本語を教わりました。三〇人以上でスタートした生徒が、漢字や文法で挫折し、残ったのは四人だけでした。私はその中の一人、マンガやアニメが早く読みたい一心で克服できました。グアテマラの公用

語はスペイン語です。語順は日本語とは逆で、文法も漢字もとても難しかったです。

インターネットで神道、建物、宗教などへも関心が広がりました。グアテマラでは日本の電気製品、コンピューター、車が有名でした。留学するなら日本と決めました。難しかったけれど、文部科学省の奨学金のテストに合格、念願の日本での生活が始まりました。奨学金があるので働いて貯めたお金はまだ使わずにそのままです。

横浜市南区にある大岡インターナショナルレジデンスに住んでいます。毎朝五時に起き、朝ご飯を作り、ときどきは昼ご飯も作って持って行きます。学食を利用するときもあります。レジデンスを七時に出て、夜の九時までほとんど研究室にいます。

週末はいろいろな国の人が集まるレジデンスのロビーにコンピューターを運んで、インターネットのニュースや、研究分野でないものを見たりします。フィリピン、タイ、モーリタニア（モロッコの隣国）など、初めて知った国の留学生達とのコミュニケーションを楽しんでリフレッシュしています。

研究室では一日中ずっと英語で、提出する論文などもすべて英語です。日曜日の午前中は日常生活に必要な会話を日本人チューターから勉強しています。楽しいです。日本語チューターが主催するイベントで、フラワーアレンジメントや折り紙を体験しました。

グアテマラにスペイン語を勉強にきていた友達の友達が北海道出身なので、日本に来たばかりの昨年五月、北海道へ行きました。バスで旭川、札幌、美瑛、函館、富良野、小樽を観光しました。アメリカ人の友達を誘ったときは、スマホを使って銀座、浅草、秋葉原、渋谷、新宿、横浜みなとみらいへ行きました。

「何でもトライしたい」と、納豆は最初からＯＫ、おいしいです。グアテマラに豆料理が多いからかもしれません。ラーメン、焼き肉も好きです。

ところで「横浜国大一〇五グループ」のことは知っていますか？　メンバーは日本人と日本語が話せる外国人で、一五人くらいです。日常生活についての質問、学校生活の質問ができます。日本の年中行事を体験する機会もあります。ひな祭りには三渓園へ出かけ、キャンパスでは七夕祭りがあり、短冊にひらがなで願いごとを書き、竹に吊るしました。

インターネットで調べて、住んでいる市営地下鉄弘明寺駅の隣、蒔田駅から近い蒔田公園で盆踊りに参加しました。研究室の友達に誘われて、松田町へ三回行ったことがあります。バイトで侍の衣装を着て、大名行列に参加しました。サムライの服を着たらトイレに行けないから大変でした。珍しい体験ができ、すごく嬉しかったし、楽しかった。でも緊張してとっても疲れました。

グアテマラの将棋倶楽部に誘われて

日本はマナー、オーダーがたくさんあります。エスカレーターは左側に乗る、電車を待つときは並ぶ、チケット売り場はあちらで入口はこちらと、その指示どおりにするために、迂回して会場に入るのはとても面倒です。

日本人は外国人を見るとちょっと戸惑うようです。悪いことでないけれど、僕が日本語で話しかけたのに「英語で返さなければ」と考えて、英語で答えてくれます。でも、せっかく日本語で話しかけているのだから、日本語で話してほしいです。僕としては、日本語を使ってみたいのですから。

日本とグアテマラとは時差が一五時間あり、毎日何回もWhatsAppで両親、兄と話しています。時間があるときはHangoutsでビデオを送ります。日本での私の生活すべてを、ネットでわかっています。コンピューターの会社で働き始めた頃、アニメを紹介してくれた友達から「将棋をやりたい、君は日本の文化が好きだからいっしょにやろう」と誘われました。You Tube HIDETCHIチャンネルで、日本人が英語で将棋の紹介をしています。駒がなんでこのような動きをしたのかなど、プロが指した対局の解説もしてくれます。将棋のルール、ストラテジーなど、そのチャンネルを見ながら勉強しました。

当時、グアテマラの将棋クラブ（二〇歳から三〇歳）一〇人のメンバーのリーダーが僕を誘ってくれた友達です。アマゾンに将棋盤をオーダーして取り寄せ、いっしょにイベントを開催し、将棋を紹介したり、教えたりしました。

来年の秋、修士課程を卒業する予定です。日本の企業で働くか、博士課程に進むか、帰国するか思案中です。（二〇一八年三月、取材）

異文化コミュニケーションを実践的に追究

エカテリーナ・エレメーエヴァさん［ロシア連邦］

取材時二四歳。サンクトペテルブルク市出身。プーチン大統領も学んだサンクトペテルブルク国立大学で日本語、異文化コミュニケーションを専攻。卒業して二〇一六年九月に来日、横浜国立大学大学院環境情報学府で、情報メディアを専攻し、四月から修士課程の二年生となる。滞日一年半。

難しい日本語、キックボクシングでストレス解消

大学二年のときの先生の一人が、ロシア滞在の日本人でした。家に招待され、日本文化に接し、深く印象に残りました。日本語にはひらがな、カタカナ、漢字があり、書き方なども異なり、面白く思いました。書道、茶道、生け花も体験したことで、日本の文化をもっと知りたくなりました。

文部科学省の奨学金を受けるテストを受験するには、日本で学ぶ言語学についての研究計画を明確に述べなければなりません。なんとか無事にテストに合格し、日本に来ることができました。

今までヨーロッパへは何度か行ったことがあり、海外生活は経験していましたが、今回は言葉の壁

が思いのほか大きかったです。いろいろな手続きに必要な書類を書くのに、周りの人に助けてもらいながら、自分で書かなければならず困りました。日本語が難しかったし、友達もいなくて、好きな旅行にも行けず、淋しくて、ホームシックに陥りました。

横浜市南区の大岡インターナショナルレジデンスに住み、このレジデンスか大学で自習することが多いのですが、週二、三日はフルに大学の研究室や図書館でアメリカ人、ロシア人、日本人の学生五、六人とすごします。日本人の教授はアメリカで博士号を取得しています。私はできるだけ日本語を話すように心掛けているのですが、論文についての細かいことになるとまだ英語でしか話せません。

日曜日と火曜日は、学校から紹介された銀座にある薬局にバイトで行きます。京浜急行線に乗って一時間でバイト先に到着できるので便利です。社長も社員や私と同じアルバイトの方々も、お客様もいい人達で恵まれています。レジ係や店員もしますが、主な私の仕事は、取り扱っている日本製の薬とかコスメの使用説明書をロシア語、英語、フランス語に翻訳することです。

常連さんは日本人ばかりでなく、日本製品は品質が良いので外国人も多く、「風邪を引いている」、「銀ブラ帰り」、「日本のお土産として」など、多くの人が立ち寄り、いつも混んでいます。

銀座のバイトで面白い体験をしました。二月、長野県のアンテナショップからワイン、りんごだけでなく、雪を持ってきて店頭に展示しました。長野県から雪を銀座まで運んでくることに驚きました。

日本語の意味やその使い方はいろいろです。大学やバイト先、利用する電車内などで耳にする言葉が、授業以上に日本語の勉強の良いヒントになります。自分に向けられたものだけでなく、他人同士が話しているのを聞いて「考えておきましょう」というのは、やんわり断るときに使い、「だから……」は怒っているときに使う言葉だと知りました。

幼い頃からずっと憧れだったキックボクシングを、日本で始めました。有名な強い先生のレッスンを週二回受けています。教室に入って、手と足をガードしてサンドバッグ、自主トレーニングをやり、直接先生からレッスンを受けています。ボディガードとストレス解消を兼ね、気持ちスッキリ、良い汗をかいてリフレッシュしています。

旅行が好きです。仙台、松島、京都、大阪、難波、新潟、箱根、河口湖、広島、厳島神社、高野山、金沢、富山、五箇山を観光しました。

今は大学、レジデンス、バイトで日本人だけでなく、いろいろな国の人達と異文化コミュニケーションを楽しんでいます。

ロシアと日本の違いは多くて大きい

日本は伝統文化を保存しています。すばらしいことです。

ボタンを押すと動く立体駐車場は、日本で初めて見ました。ロシアにはありません。日本人は誰にも優しく、時間をかけてでも助けてくれます。気候については、六月は梅雨なのに摂氏二七度とか、ときには三〇度もあって、夏の暑さは何か月も続くので困ります。ロシアでは、年間で三〇度にもなるのは二~三週間で、最長でも一か月ぐらいです。夏の気温が一三度ですから、マイナス五度でも私は寒く感じません。

法律やマナーはロシアも厳しいですが、日本人はもっとルールが好きなようです。車内での電話はだめ、ラインに沿ってきちんと並んで電車を待つことなど、みながそれをきちんと守るので、カルチャーショックでした。

ロシアは一八歳から飲酒が許され、参政権があります。サッカー、アイスホッケー、フィギュアスケート、バレーは強くて有名です。「イクラ」はロシア語と気づいていますか? ロシア語は三三のキリル文字があり、敬語はありませんが、丁寧な言葉と、友達と話す言葉を使い分ける場合があります。

自然の運河、人工の運河、川が多いサンクトペテルブルク市で、市章は海の錨と川の錨がデザインされています。白夜は五月中旬から六月中旬です。ジャズや野外コンサートなど白夜イベントが多く開催されます。一〇月初めの黄葉がとてもきれいです。

来年三月卒業する予定です。翻訳、通訳、国際的な仕事など、まだ考えがまとまっていません。

(二〇一八年四月、取材)

「数学の教授法」を勉強中、帰国後は教育者に

ヘルソン・エルナンデスさん［ホンジュラス共和国］

一九九〇年生まれ。ホンジュラスの大学で数学の教授を務める。一三歳のときにアニメを通じて日本への関心を高めた。文部科学省の奨学金制度を利用して二〇一八年に来日。横浜国立大学で学ぶ。滞日四か月。

生徒側に寄り添う教え方に深く感銘

中学生のときに、日本のアニメのスペイン語吹き替え版を観ました。それがきっかけで、日本語と日本文化に興味を持ちました。大学を卒業した後に、どこかアジア圏の言葉を勉強したいと考え、子どもの頃から興味のあった日本語に挑戦することにしました。

ホンジュラスの日本語学校に入って、日本人の教師から日本語を学びました。その先生から、豆腐や寿司などの日本の食べ物や、空手のことについても教えてもらいました。空手はとくに面白そうでした。先生は丁寧な人で、生徒に寄り添うようにして日本語を教えてくれました。僕は高校の数学教

師を経て大学でも教えるようになったのですが、あの先生のような「教え方」を身につけたくて専門である数学の教授法を日本で勉強してみたいと思いました。

父親の仕事の都合で、隣国のエルサルバドル、グアテマラへ行ったことはありますが、こんなに離れた海外での生活は初めてです。留学生活を始めるときに、大学からチューター（勉強指導や個人的な世話役）を紹介してもらいました。チューターは男性で五人家族です。彼の自宅に呼ばれて食事をしたり、いっしょに出かけたりしています。居住先は横浜です。東京に近くて便利だし、港には懐かしさもあるので嬉しいです。いつも弘明寺商店街で買い物をします。エスニックの香辛料が手に入るので、食べ慣れた味の料理を自分で作ることもあります。

学校は火曜日から金曜日で、授業があるのは午前中だけです。数学の教授法を勉強しています。ゼミではいろいろな発表があり、たいていは意味を追えるのですが、ときに分からなくなることがあります。言葉のニュアンスがスペイン語とは異なって汲み取るのが難しいし、数学と教育に関する日本語の専門用語が大きな壁となっています。授業が終わると、午後は部活動に参加しています。ホンジュラスで聞いて興味津々だった空手部に入部しました。稽古は月、木、土の週三回、三時間ずつです。最初は大変で、脇腹を打たれて一週間くらい痛くて休んだこともありました。現在では稽古にも慣れて、空手は僕の趣味のひとつになりました。

五月に通学のために自転車を購入しました。通学以外にも近くを流れる大岡川に沿って走ったり、お寺やちょっと離れた場所や業務用スーパーまで買い物に行ったり。自転車を乗り回して自分の行動範囲を広げています。

もうひとつの僕の趣味は山登りです。ホンジュラスは国土の八〇%が山岳地帯になっていて、登山者にとっては嬉しい場所です。二八七〇メートルのミナス山が最高の山とされています。日本に来てからもいくつかの山に登りましたが、やはり日本一の山に惹かれます。そこで、ぜひ登ってみたいとの希望を伝えてチューターとふたりでトレーニングをして、八月に富士山に登りました。概ね楽しい道のりでしたがチューターも富士登山は初めてだったので、途中ちょっと大変な場面もありました。そんなきつい状況下で休憩していたとき、目の前に広がる景色を見てふたり揃って感動したのを覚えています。頂上でご来光も見ることができました。きれいでした。すばらしかったです。

ホンジュラスは乾季と雨季があり、一年中だいたい気温が三〇度を超えていたので、自分は暑さに強いと思っていました。四月に日本に来たときは、毎日だいたい一八度から二〇度くらいだったので、涼しくて快適でした。その涼しさに体がすっかり慣れてしまったためか、三五度から三六度が毎日続いた今年の夏はとても耐え難く、部屋ではエアコンを使いっぱなしでした。盆踊り、花火大会、みなとみらいのイベントや、東京、鎌倉、日本橋、銀座にも出かけました。居酒屋にも連れて行ってもらいました。大学では飲み会がたくさんあって、ホンジュラスではあまり飲まなかったのに誘われて参加するようになりました。日本の酒はおいしいです。今、行ってみたいのは新横浜にあるラーメン博物館です。

ホンジュラスで最初に印刷された本は「数学」の本

日本は、僕がイメージしていた「日本」を超えていました。道はきれいだし、人々は静かで、みんな忙しそうで歩くのが速い。階段が多いので最初の頃は周りのペースに合わせて歩くことに慣れず、足が痛くなって疲れました。ホンジュラスの人達は、そもそもあまり歩きません。ホンジュラスでは公共交通機関はバスだけですが、タクシーもあるし、バイクや自分の車を持っている人も多く、僕にしても大学へ自宅から一五分のところをトヨタの車で通っていました。

「ホンジュラス」という国名は「深い海溝」という意味です。中央アメリカの真ん中にあって、グアテマラ、エルサルバドル、ニカラグアと国境を接し、北と東はカリブ海、南は太平洋に面しています。

かつて中央アメリカにはマヤ文明が存在していたので、ホンジュラスの紙幣にはマヤ文字が使われています。公用語はスペイン語です。街にはコロニアルスタイル（スパニッシュスタイル）の建築物があります。ホンジュラスの歴史上、最初に印刷された本は数学の本です。僕は小さいときから算数に興味を持ちました。父は数学の教師です。でも宿題を助けてくれたことはなくて、それが本当に助かったと思っています。誰にも頼らず、自力で問題を解く力を身につけることに繋がりましたから。

来年の一月には、横浜国立大学の大学院への入学試験を受験します。数学の「教授法」を学び、帰国後は国内の教育専門の大学で「先生への教育」を教える立場に就きたいと考えています。（二〇一八年九月、取材）

半世紀日本に暮らし、私は五〇パーセント日本人

野田・ドリットさん［イスラエル国］

イスラエルのテルアビブ生まれ。高校から大学をジュネーブですごす。イスラエルに帰国した後の一九六七年、駐日イスラエル大使を務めていた父を頼って来日。版画家の野田哲也氏と結婚。日本に住んで半世紀になる。日本イスラエル親善協会理事を一五年間にわたって務めている。滞日五〇年。

尊敬語が多いのはマイナスでは？

妹が東京藝術大学でデッサンの勉強をしていました。当時、教授の助手をしていた人が私の現在の夫です。父が大使をしていた縁もあり、イスラエル大使館の庭で挙式しました。

子どもは保育園の頃から友達がいっぱいできました。保育園の後は日本の学校に入れました。あるとき、友達のお母さんに電話で「娘が一生懸命勉強している、朝から晩まで勉強している」と本当のことを話していると、恥ずかしかったのか、当時一二歳の娘から「ママ、そんなこと言っちゃ駄目」と注意されたことがあります。日本では本当のことを言っちゃいけないの？　イスラエル人はすべて本

音でしゃべります。そんな相互の違いなども含めて、子どもから折に触れ、日本での生活に必要なあらゆること（常識）を教えてもらいました。

日本に来て、仕事をしてみたかった放送局で、翻訳やフランス語の番組を手伝ったことがあります。現在もいろいろな仕事をして、毎日忙しく楽しくすごしています。

日本イスラエル親善協会理事を一五年間務めています。イスラエルの歌、ダンス、独立記念日の集まりなど、イスラエルの紹介を企画しています。一九七一年からは外務省のヘブライ語担当講師を務めています。外交官の試験に合格し、イスラエルに駐在が決まった人達にヘブライ語の研修をしています。警視庁通訳センターで英語の通訳も務めています。

人に教える仕事をしているとき、日本とイスラエルの違う点がひとつ見えてきます。イスラエルには先生という言葉がありません。ファーストネームで呼び合い、あなたはアタ、私はアニと一語です。他人との壁がありません。兄弟感覚でみんな平等です。日本語には「あなた」、「わたし」を表す言い方がたくさんあります。敬語もあります。相手を尊敬する言葉が多くて、ダイレクトに言い合えないのはマイナス部分だと感じます。

本音と建て前、解釈にも表と裏がある

もう半世紀前になりますが、初めて日本に来たときの日本の第一印象は、みんな急いで歩いている、

ということでした。砂漠の国から来たので、街並みや景色が鮮やかでカラフルで、車はピカピカに輝いているし、空気がきれいだなあと感じました。

日本人には、人を判断する際や品物の選択に対してブランド志向が強いという印象を持っています。言葉に本音と建て前があり、日本人は何を考えているかわかりません。最初から、本音で言ってほしいです。「以心伝心で通じる」なんて、とても難しいことです。それから、日本人は自分をさらけ出さず、むしろ卑下して隠そうとします。できるのに「できない」と、そう言いながらできている日本人がいます。外国人は、できなくても「できる」とアピールしがちですが。

日本人は悪いことを何もしていないのに頻繁に「すみません」を言います。イスラエルに帰ると、その癖で私も「すみません」を連発してしまうので「あなた自信ないの?」と言われてしまいます。日本人がそうできるのは文化レベルが高く、余裕を持って相手を思いやりながら接している、という風にも取れます。解釈の表と裏になりますね。

イスラエルはサイバーセキュリティが世界一

イスラエルでは義務教育は五~一八歳まで。資源が少ない国なので、人の力と知恵で勝負するしかありません。そして一八歳から二〇歳まで男女とも兵役が義務づけられています。ですから私も兵役に就いていたことがあります。産業面では医薬品、テクノロジーが進んでいて、サイバーセキュリティに関しては世界一だという自負があります。あと、ちょっとした豆知識みたいですが、ミニトマトはイスラエル生まれの野菜です。

公用語はヘブライ語とアラビア語、英語も広範囲に通用します。ハレルヤ、アーメン、アルファベットという言葉はヘブライ語です。ヘブライ語のアルファベットは二四文字ですが、発音と文法が難しいです。

ヘブライ語のKibbutz《キブツ》は農業共同体のことです。一九六五年からボランティアとして毎年日本の若者が一、二年イスラエルですごして勉強しました。今は自分の家や土地を持ちたいという人が増え、「キブツ」の形が変化しています。

旧約聖書は古代ヘブライ語で書かれています。大切な教えは「他人を自分と同じように愛しなさい」です。「素直に謙虚に」があり、「相手に褒めてもらう」のは良く、「自分ができると自慢する」のは良くないという教えもあります。でも現実的にその教えを守れる人は少ないです。日本人の方が身についているように感じています。

理事として今の仕事を続けて行きます。漢字はとても美しいです。時間を作って上手に書けるよう勉強したいです。(二〇一八年二月、取材)

研究テーマは「日本とアゼルバイジャンの断り方の違い」

アイダイエヴァ・ザリファさん［アゼルバイジャン共和国］

一九九四年生まれ。アゼルバイジャンの首都バクーの出身。アゼルバイジャン外国語大学の国際関係日本学科で外交官をめざし勉強。今回が三度目の来日。二〇一七年、横浜国立大学に文部科学省の国費留学生として来日。研究生として二年間学んだ。四月からは大学院に進学予定。滞日通算四年余。

大きな失望経験を乗り越えて、三度目の来日

子どもの頃、日本のアニメの吹き替え版が国内で流れるのをよく観ていました。高校生のときには芥川龍之介や川端康成の短篇のアゼルバイジャン語訳を夢中になって読みました。いつかこうした作品を原語で読んでみたいと思っていました。

二〇一一年三月の東日本大震災のニュースは、私の国でも流れていました。混沌を極める状況下でも平静を保ち、パニックにもならない日本人の姿が印象的でした。これがアゼルバイジャン人だったら、パニックに陥って窓から飛び降りる人もいるだろうし、感情的になって喧嘩が始まったりもする

だろう。日本人は何を思っているのか、日本人を理解してみたくなり、国際関係と日本語を勉強することを決意して大学に進学しました。

日本語の勉強を始めると、「君」や「僕」を表す言葉だけでもいっぱいあり、尊敬語、丁寧語、謙譲語は場面で使い方が違い、話し言葉、書き言葉にはカタカナ、ひらがな、漢字がある。漢字は複雑なうえにその書き方がとても難しく、挫折しそうになりましたが、好奇心の方が勝って、乗り切ることができました。同時に、日本への留学のチャンスも掴むことができました。

初めて訪れた日本は、二〇一三年の大阪でした。田尻町りんくうポートの関西国際センターで一五日間の研修がありました。研修は六四か国からひとりずつの参加者がいて、総勢六四人です。大阪を起点に京都、広島、東京へも行き、神社仏閣なども巡る多忙な日々でした。帯同する日本人が何を喋っているのかが分からなかったので「大学で勉強した二年間は何だったのか」とがっかりしましたが、「関西弁だから、よく分からなかったのかもしれないね」と言われたのを覚えています。

二度目の来日は大学三年生を終えた二〇一四年のことで、岐阜大学の四年生に編入となりました。一年間の留学生活は、タイ、ベトナム、アゼルバイジャン、スリランカなどから来た七人がいっしょでした。日本に来て、辛かった記憶があります。学校でインタビューがあって、「また日本に来たいですか？」との問いにすぐ「いいえ」と答えてしまったほどでした。留学生活の中で、日本人の素顔や本音が見えてきてしまい、失望しました。差別も受けました。岐阜から帰国した直後は、テレビで日本が映るとすぐ消してしまうほど日本が嫌でした。

帰国して大学四年生に戻り、日本大使館でアルバイトを始めました。そこでいっしょに働いた日本人の影響で、いじけていた自分の心境に変化が生じました。日本にはもう行きたくない、怖い、と思っていた気持ちが徐々に和らぎ、一年ほどすると日本行きが念願となっていました。新しい決意を胸に文部科学省の難しい手続きとテストに合格し、三度目の来日が実現しました。

本音と建て前の違いに対し、いろいろと文句を言っていたけれど、今はありのままの日本を受け入れています。大きな失望の経験を乗り越えて自分を変えられた現在は、とてもすがすがしい気持ちです。

「いいえ」を言わないが、実は「ノー」と言っている

日本は技術やそれを扱う人のレベルが高く、街はきれいに保たれていて、トイレがどこにでもあり、清潔でしかも無料だなんて驚きです。他にもさまざまな面で便利過ぎるほどです。たとえば、証明写真を自分で撮影でき、すぐでき上がるあの機械はとてもいい。よく駅などで見かけます。私の国にもあったらいいと思います。

日本の文化や風習の本質には美しさがあると思います。どこへ行っても日本人は礼儀正しく、行列をちゃんと守ります。ただし、日本人は「いいえ」と言わないが、じつはきちんと「ノー」を言っている、その間接的な「ノー」を理解できないと、日本の人と人との関係が難しいことも知りました。私

の国では直接的な表現があたりまえだから、日本から帰った私は「ちゃんと言えよ、いいの？　いやなの？　どっち？」と言われてばかりです。

朝、電車の中で倒れたことがあります。目を開けると乗客たちが輪を描くように私の周りに集まって見ていて、誰も助け起こしたりはしてくれませんでした。日本人は周りの目を気にして恥ずかしいのか、なかなか最初の一歩を踏み出せないのだと解釈しました。でもせめて、誰でもいいので声くらいはかけてほしかったです。今もなお、日本人に対して理解しがたいことがあります。

アゼルバイジャンでは年上の人への悪い態度は厳禁で、そんな真似をすると周りにいる年上の人からすぐ「お前の親はちゃんとお前を躾けなかったのか」と言われます。なので、先生は尊敬すべき存在です。教室では起立して先生を迎え、授業で先生とたくさん議論できるのが誇りと考えます。生徒は準備して授業に臨みます。しっかり学んでいることをアピールできるチャンスです。議論は活発になり、授業は活気があります。

学会で広島、鹿児島へ行きました。安芸の宮島で満潮と干潮のとき、それぞれに変わる眺めを楽しみ、鹿児島は夜景がきれいで星が近くに見えました。あと、行ってみたい場所は札幌と、それから沖縄の海です。

大学を出たら日本のアゼルバイジャン大使館で働いて、双方の留学支援に関わりたいです。その準備として、アメリカ大使館でインターンシップを始めます。（二〇一九年一月、取材）

滞日二四年、ますます望郷の念にかられる

ジュルス・カンコエ・アデュアヨムさん［トーゴ共和国］

一九七〇年生まれ。大学卒業後の一九九五年に来日。二〇一〇年より目黒にあるトーゴ大使館で文化と広報を担当。各地でトーゴの文化の紹介などを行っている。滞日二四年。

初来日から一五年、トーゴ大使館に勤務

小学校三年生のとき、近所に井戸掘りの技術者が派遣されてきました。その人達の仕事ぶりやチームワークの良さが、強く印象に残りました。その人達の言葉がよく耳に入ってくるのですが、聞いたことがなかったので、彼らがどこから来た人達なのかが分かりませんでした。後に、ＪＩＣＡから派遣された日本人だと知り、日本と日本語が好きになりました。高校の歴史の先生に相談してみると「日本語にはひらがな、カタカナ、漢字があって面白い」と、習得を薦められました。

大学は文学部の英語学科に進みました。ミッション系の小学校に通っていたので小学校一年生から

英語を勉強していました。九〇年代当時、大学の図書館に日本語の本は一切ありませんでした。フランス語で書かれた日本に関するものはありましたが、日本語そのものについては触れることはできませんでした。

大学在学中、日本語を勉強したい気持ちがつのり、日本の語学学校へ英文で何度も書類を送って入学願書の手続きをしますが、私の気持ちだけでは許可が下りませんでした。その頃ちょうど兄が日本の企業で働き始めていて、彼に保証人となってもらうことで、ようやく埼玉にある日本語学校への入学許可が下りました。一九九五年一〇月、憧れの日本に来ることができました。

埼玉に住んで二年間日本語学校に通い日本語の勉強をしました。その後は技術を身につけたいと、文京区にあるビジネス専門学校に入り、パソコンと国際ビジネスを二年間勉強しました。卒業直前に文京区の会社を紹介され、八年間働きました。その後、二〇〇八年に起きたリーマンショックの影響を受け、東京にある幼稚園に転職しました。幼稚園では三歳から就学前の幼児たち六クラスに対して週二回、三〇分間英語で遊ぶレッスンを受け持ちました。幼児達は私を見て泣いたのですが、一、二か月もするとすっかりなれてくれました。素直で可愛い子ども達、世界はみな同じだと感じました。今、高校生に成長したその子ども達から「おかげで英語が好きになり、大学では英語を勉強します」と年賀状をもらい、交流が続いています。とっても嬉しいことです。

二〇一〇年にトーゴ大使館が港区赤坂に設立され、私は大使館員となりました。設立当初から四年、目黒に移転してからの四年と合わせて八年間勤務しています。トーゴ渡航のビザ発行、小・中・高校生へのトーゴの紹介、今月末には小田原市からイベント依頼を受け、ブースに木造彫刻や手織りの伝統布、民芸品、楽器などを展示します。一般市民が参加するカルチャー講座にも招かれて、トーゴ文化を紹介しています。

国への望郷の念は薄れることがない

私の国トーゴの面積は日本の四国ぐらい。小さくて平和で緑豊かな国です。海に面している地域もあります。国内には四〇以上の部族がいて、それぞれの示す多様性がそのまま文化の豊かさに繋がっています。メイドインジャパンの車が走り、電化製品が使われています。プレーヤー、ラジオ、カセット、CDから流れる音楽が生活の一部になっていて賑やかです。楽器を使った生演奏もあり、街中がうるさいくらいです。

日本語学校に通うために初来日したときからずっと埼玉生活です。東京よりは広い生活ができるし、自然もあって快適です。首都圏へのアクセスも良好です。日本でいつも感銘を受けるのは、交通機関が時間どおりに動いていることです。たった一分や二分の遅れでも、路線バスや電車の車掌が何度も謝るので驚きました。トーゴには電車がなく、都市間を結ぶのはマイクロバスのみです。時間の感覚がルーズなので、時間どおりに来ればいいといった有り様です。タクシーは目的地がバラバラの人と乗り合いになります。後から乗った人は先の客に挨拶します。この挨拶をめぐっても、日本とトーゴでは違いがあります。トーゴでは知っている人も知らない人も挨拶するのが普通ですが、日本では普段は挨拶する仲でも、駅や電車では挨拶せずにすますらしく、変に気を使ってしまいました。カルチャーショックでした。あるとき、「すみません」と日本語で話しかけたのですが、去って行かれたことがあります。不審者と思われたのか、それとも英語がしゃべれないから避けたのか、ショックで落ち込みました。トーゴの人々の人情の厚さ、明るさは言葉では表現できません。日本に来てもう二四年目になりますが、今でも望郷の念を感じることがあります。トーゴ人は年寄りを大切にして、二世代、三世代が一つの家に住むのはあたりまえであり、そのことが誇りでもあります。

　食事などをするとき、いつも不思議でしたが、日本におけるいわゆる割り勘の習慣はトーゴにはありません。それと、日本人のするこまごまとしたお返しの習慣が理解できません。お祝いはまだ分かるけれど、悲しい葬式のお返しはなくしたらどうでしょう。それから日本で議論となっているようですが、夫婦別姓について意見を述べさせてもらうと、結婚しても女性は姓を変えなくてもいいのではないかと思います。トーゴでは結婚した女性は夫の名を自分の名前に加えることはあるものの、名字はそのまま残ります。

　もう二四年日本にいますが、いずれはトーゴに帰りたいと考えています。帰ってからも、今と同じくトーゴと日本との懸け橋になりたいです。（二〇一九年二月、取材）

欧州を代表するIT大国から来ました

オリガ・ツヴェトコヴァさん［**エストニア共和国**］
一九九七年、エストニアのタリン市郊外マールドゥ生まれ。タリン大学在学中の二〇一八年一〇月に初来日。横浜国立大学で日本語と日本文化を学ぶ。滞日七か月。

日本文化を専攻し、歴史や文化に浸る

私が日本語に興味を持ったのは、中学校のときに友達が日本の音楽やアニメを紹介してくれたからでした。珍しさもありましたが、純粋に惹かれてアニメを見たり、ゲームをしたり、音楽を聴いたりしていました。高校二年生からは、語学学校で日本語を真剣に勉強し始めました。

大学はタリン大学に進みました。専門は日本語と日本文化です。授業で茶道を体験しました。また、日本の歌を翻訳すると、新しい語彙や文化を発見できました。

大学で三年間学び、文部科学省の奨学金テストに挑戦し、合格して日本での留学生活がスタートし

ました。奨学金テストに合格した後、プログラムの提出書類に日本のどこに住みたいかを選択する項目がありました。そこでインターネットで調べながら、気候が暖かくて、旅行に出かけるのにも便利な所を必要条件にしました。私は首都タリンからバスで四〇分くらいの所にあるフィンランド湾側のマールドゥという町に生まれたので、「海がある」ことも大事な条件でした。そうした諸々を含めて「横浜国立大学」を第一希望にしました。東京に近い横浜で勉強できることが決まり、とても嬉しかったです。

日本語と日本文化のどちらを専攻するかを問われ、私は日本文化を選択しました。授業では漢字の学習のほかに、興味のある好きなトピックスを研究してそのレポートを発表したり、日本人にインタビューしたものをまとめて提出したり、文学作品を読んでクラスメイトと討論したりしています。

これまでに東京、横浜はもちろん、鎌倉の鶴岡八幡宮へ行きました。関西も楽しそうだと思い、奈良、京都、神戸、大阪を巡りました。ユニバーサルスタジオジャパンで遊び、伏見稲荷大社や大阪城、六甲山にも行きました。奈良公園の鹿が可愛くて好きになりました。北海道を訪れた際には札幌の雪まつり、旭川の旭山動物園、それに小樽の夜景がすてきでした。日本国内を精力的に回って、勉強だけでなく観光をしながら日本の歴史や文化に浸っています。

八月の帰国までに訪ねてみたい所は、日本の最南端にある沖縄県です。本土とは違うと言われる、その違いをこの目で確かめてみたいのです。福井県にある県立恐竜博物館へも行ってみたいです。

日本に来て七か月が経ちました。来たばかりの頃は、私が話す日本語は教科書みたいでぎこちなかったけれど、今では自然な日本語で話せるようになりました。エストニアの大学では自由時間がたくさんありましたが、日本では宿題が多くて勉強も大変です。苦労しているときはつい、エストニアに帰りたいという気持ちになってしまいます。ですが、とにかく頑張って卒論を仕上げ、卒業後は日本かエストニアの大学院に進もうと思います。

ハイテクの国ではなかった日本

アニメの影響もあって、日本は不思議なハイテクの国という、ステレオタイプなイメージを抱いていましたが、その幻想は破れてしまいました。区役所の手続きや、大学の履修登録などがとても面倒です。エストニアでは、ネットで簡単にできるのに。

電車での通学時によく目にするのですが、電車の中で女性が立って、男性が座っていることが多いように思います。そして、お年寄りに席を譲るのはたいてい女性です。エストニアでは男性は女性に席を譲るのが当然です。男性はもっと席を譲ったほうが良いと思います。

電車をはじめ、日本は交通費が高いですが、交通システムは便利で大好きです。長く待つ必要がないし、携帯アプリがあり、どんな電車に乗ったらよいかを教えてくれます。

エストニアでは海外の映画やアニメを見るのは英語かロシア語字幕です。国際資料もエストニア語で書かれたものは少なく、英語による資料が多いので、それを読む英語能力が必要です。エストニア人の多くは、英語での日常語に不自由しません。公用語のエストニア語の他に三、四か国語をマスターしている人が普通です。

エストニアに日本人がやっている和食屋があって、そこの海鮮丼が好きでした。日本に来てお台場にある大江戸温泉物語へ行ったときに食べたアボカド海鮮丼や、北海道のクリームパンも大好きになりました。エストニアには乳製品が豊富にあって、値段はそんなに高くありません。ときどき無性に食べたくなります。

エストニアの首都、タリンの旧市街には中世の建物や教会が多く残っていて、市街全体が世界遺産に指定されています。国土は平坦（最高の山が三一八メートル）で、森林と湖が多く、自然が美しく、観光客もエストニア人もハイキングなどを楽しんでいます。

世界中に多数のユーザーをもつインターネット電話サービス、スカイプを開発した欧州を代表するIT大国として知られています。昨年一月、安倍首相（当時）がエストニアを初訪問、両首相が会談し、サイバー攻撃対策をめぐる連携強化で一致しました。

エストニアの北西部にサクという都市があります。今月一日にそのサク市と長野県佐久市とが姉妹都市になり訪問事業、文化やスポーツの相互交流を深めるホストタウンとなったことをニュースで見ました。エストニアと日本との距離が近くなって嬉しいです。（二〇一九年五月、取材）

日本に三度の留学、他者への気づかいもできるようになりました

キーロヴァ・クリスティーナさん［ウクライナ］

一九九二年、ウクライナの黒海沿岸地域で生まれた。首都キエフに移り、ウクライナ大学の日本語学科で学ぶ。現在、一橋大学大学院二年生として総合政策を学んでいる。来日は三度目。二〇二〇年三月に卒業予定。滞日通算三年余。

人形「モータンカ」に十二単を着せる

子どもの頃の記憶ですが、祖父が船員をしていて、いろいろな国に行っていました。帰ってくると航海で立ち寄った国々の話を聞かせてくれて、日本に寄港した際には、横浜、神戸、長崎の港に人が多かったとか、絵葉書や扇子、写真などをお土産に持ち帰ってくれました。

私たちの公用語はウクライナ語ですが、ロシア語と英語も世界的な情報収集の手段として日常的に使っています。あるとき、言語は単なるツールや手段ではなく、そのなかには文化が隠れていて、人々の考え方も各言語で決まっているのではないかと、ふいに思ったことがあります。以来「言語」

に関心を持ち始め、ヨーロッパの諸言語やアラビア語、中国語など、いろいろな言語のことを考えました。中でも日本語は他の言語とまったく構造が違うし、漢字、ひらがな、カタカナというふうに使っている文字も違う。四つの漢字で構成された格言である四字熟語には、短い中に深遠な意味が含まれています。そういったさまざまな驚きに加えて「書道」というものも不思議でした。日本語では人との関係をどんな言葉でつくるのだろうかといった疑問も浮かび、しばらく夢中になりました。

私は祖母も母も編み物や布を使った手作り小物が大好きで、身近に生地がいっぱいありました。ウクライナに「モータンカ」という伝統的な人形があります。頭が大きく、自分を守ってくれるという厄除けです。二〇から三〇センチあり、ぶら下げるか本棚に置いて飾ります。インターネットで初めて日本のきものを知ったとき、そのモータンカに紫式部を想像しながら十二単を着せてみました。「日本の風景」で検索して見つけた梅の小物を、緑、ピンク、白の布を使って作りました。服飾を通して日本への興味も湧きました。未知への挑戦をしてみたくなり、日本語学科のある大学に進みました。大学から留学のチャンスを与えられ、日本に来ることができました。

研究テーマは「IT労働者人材獲得競争」

初めて日本に来たのは二〇一四年で、期間は六週間でした。一〇か国以上からの大学生が参加し、大阪の関西国際空港の近くに宿泊しました。真冬の一月で、参加したタイ人とブラジル人は雪を見て珍しがって大喜びしていました。ある週末に出かけた心斎橋の近辺は、とても人が多く賑やかでした。帰りに電車を乗り間違えて和歌山へ行ってしまったのですが、せっかくだからと観光して帰りました。ミカンがおいしかったのを覚えています。

二回目の来日は、大学の交換留学で二〇一五年三月から京都の龍谷大学に一年間通いました。滞在中に旅行がしたくて、日本の都道府県すべてのうち半分くらいは行ってみたいと張り切っていたのですが、結局半分の半分も難しかったです。

京都は一人旅をしました。自然に囲まれた竜安寺の石庭を初めて眺め、いらないもののない風景が珍しく、新鮮でした。九州方面や沖縄、広島、福島へ出かけ、四国では八八か所の札所巡りをしている人を見て尊敬しました。四国のお寺は京都とは違って、いろいろな要素が混ざった感じがしました。意味があるのでしょうが、なぜか京都よりは落ち着きませんでした。

三度目は二〇一七年四月からということで、日本から帰ったばかりで、二か月で準備をすませなくてはなりませんでしたが、文部科学省による大学院への留学テストに挑戦することにしました。私の専門の教授を探すことを第一として、留学先は一橋大学に決めました。現在二年生になり、研究テーマは「ＩＴ労働者人材獲得競争について」です。

小平市にある一橋大学の寮に住んでいます。寮には四つの大学に通ういろいろな国からの留学生二〇〇人と日本人学生二〇〇人がいます。コミュニティシステムというものがあり、私は住んでいる三階の女性一四人のフロアーアシスタントをしています。キッチン、シャワー室は共同で、その使い方や掃除の仕方、ごみ分別の説明などをします。寮全体での集いがあっていっしょに食事をしたり、映画を見たり、研究テーマのアドバイスをもらったりするなど、寮生同士の交流が盛んです。

ウクライナにいた頃は意見のくいちがう相手と喧嘩やぶつかることがあった一方、いろいろ決めるのも早かったのですが、日本に住んでからは、よく人の話が聞けるようになり、ちゃんと話し合えるようになったので、「変わったね」と母に言われます。

FITBIT（USA製で、万歩計、睡眠、心拍数など日常生活が数値化できるフィットネス用リストバンド）をビックカメラで購入し、いつも身につけて健康チェックしています。ウクライナは自然が豊かな国ですので私も昔から森や木が好きで、日本に来てからも森林浴や登山を楽しんでいます。高尾山と富士山にも登りました。

言葉で表現するのが難しいけれど、日本に住むウクライナの友達に会って、母国語の音や空気から「ウクライナを感じるひととき」を楽しんでいます。

日本は個性が地域によってみな違っていて、モザイクみたいだと感じています。人が多いのに、エスカレーターで立つ方向や電車の乗り方に明確なシステムがあるような感じがします。お互いに相手のことを考えてみなが同じ行動をし、何も言わなくても整っているのにびっくりします。

来年三月に卒業する予定です。日本での就職を希望しています。（二〇一九年七月、取材）

中国、フランス、そして日本への留学

ランドリアニラファハナ・マイケル・ヘリラントさん［マダガスカル共和国］

一九九七年、マダガスカル共和国の首都アンタナナリボに生まれる。フランスのパリ東大学経営学部に留学。現在、大学院一年生。二〇一九年四月に横浜国立大学へ交換留学生として初来日。八月末にパリへ戻る予定。滞日五か月。

日本のアニメや音楽が身近でした

七歳から一五歳くらいまで、日本のアニメやマンガやゲーム、それに嵐や西野カナなどの音楽が、日常的に身近なものとしてありました。学校が終わると毎日五時過ぎから、家でフランス語字幕つきの日本のテレビ番組に夢中になっていました。

　マダガスカルから留学する学生の行き先はヨーロッパ、日本、中国が大多数です。中国の寧波《にんぽう》に二か月間留学したことがあるので漢字は三〇〇字ぐらい知っていて、読むこともできます。現在は、フランスに住む伯母の家からパリ東大学に通っています。在学中に、ＪＹＯ（Junior Year Overseas）という横浜国立大学の制度に参加して、初めて日本に来ることができました。これは年二回実施されて、一九歳から二六歳の学生が五か月間または一年間という期間で日本に留学できる制度です。今回はアメリカ、イタリア、ドイツ、中国、オーストラリア、ブラジル、フランス、フィリピン、そして私のマダガスカルなど、いろいろな国から合わせて二五人が参加しています。

住んでいる場所は、横浜市の常盤台にある横浜国大キャンパス内の寮です。ここは今年の四月にできたばかりで、日本人学生と海外留学生が半々に住んでいます。敷地内は自然が豊かで、最新の設備が整えられており、快適な生活を楽しんでいます。

日本人の学生は正直で、私のことを歓迎してくれるし、丁寧に接してくれます。でも噂に聞く日本人特有の「本音と建前」をときどき経験しています。そんなときは、ちょっとした淋しさを感じています。

授業は一コマ、二コマ、四コマの日があって、月曜から金曜まで毎日です。来たばかりの頃に、部活で自転車部に入りました。日本に来てすぐのゴールデンウィークには、ひとりで箱根に行きました。人が多く、どこも混んでいて驚きました。温泉に入るのは初めての体験でしたが、勇気を出して入りました。雨の日だったので、富士山が見えなくて残念でした。

私はどちらかというと賑やかな場所の方が好きで、寮の近くの和田町にあるカラオケ店へ、週一回くらい行っています。同じ理由で、横浜のみなとみらいも好きですね。

この留学プロジェクトにはホームステイプログラムがあり、私は藤沢市の日本人家族の家にステイしました。ここで初めて浴室で体を洗った後に浴槽につかるお風呂文化や、布団を敷いて寝る日本の生活習慣を体験しました。マダガスカルでは入浴というとシャワーのみというのが普通で、お風呂は珍しい体験です。横浜市内にある銭湯に友達といっしょに行ったこともあります。このホームステイ中に鎌倉、江の島、伊豆へ連れて行ってもらいました。楽しかったけれど、夏でしたから、どこもあまりにも蒸し暑くて大変でした。

夏は、お店や建物の中、バスや電車などの乗り物内は寒いくらい冷房がきいています。そういう場所から外に出るとものすごい暑さで、そのギャップが大きくて、慣れていないこともあって体調を崩してしまいました。幸い、熱もなく咳も出ませんが、今、ちょっと風邪気味です。周囲のみなさんから「お大事に」、「お大事に」と優しく声をかけてもらっています。風邪がひどくならないよう、気をつけなくてはなりません。

八月一九日から一週間、友達になったフィリピン人の留学生と二人で大阪、京都、奈良へ観光旅行に出かけます。留学先のフランスに「あつあつ」という店があって、日本人が作っているたこ焼き、お好み焼きを食べたことがあります。大阪で、本場のたこ焼きを食べるのを楽しみにしています。同じくフランスで、ラーメンやお寿司がおいしくてよく食べていました。ところが蕎麦の看板を見たことがなく、蕎麦というものをまったく知りませんでした。日本に来て初めて知って食べてみたところ、大好きになりました。

IT企業で働き、キャリアを積みたい

マダガスカルはアフリカ大陸の南東部に浮かぶ島国です。マダガスカル語とフランス語が公用語です。みんな穏やかで優しい人達です。気候が良く、パパイヤ、マンゴー、パッションフルーツ、ライチ、いちご、リンゴ、洋ナシ、桃、柿など、たくさんの果物が育つフルーツパラダイスです。

日本は安全で、平和な国というイメージがあります。バス、電車、地下鉄は本当に便利でよく利用しますが、交通費は高いです。マダガスカルは路上強盗が多いなど治安が悪いので、夜九時には人々は外に出ません。交通機関はバスが主流で、あとはタクシーか自分の車です。電車はありません。

今度の旅行の数日後にはフランスの大学に戻り、そこで修士号を取得します。その後に再来日して、横浜国大の博士課程で日本的経営システムを学ぶか立命館アジア太平洋大学の博士課程に入学を申し込み、三年から四年かけて博士号取得に取り組む予定です。

日本企業の組織や階級の構造が好きではありませんが、IT企業で働きたいと考えています。働き過ぎは嫌なので、九時から五時でノー残業かフレキシブルに働きたいという希望を持っています。日本で経験とキャリアを積んで、一〇年か二〇年したらマダガスカルに戻り、大学教授として若い人達の教育に携わりたいです。（二〇一九年八月、取材）

旅行や国際交流などの機会を提供できる仕事をしたい

エイミー・キング・バークさん［アイルランド］

一九九三年、ロンドン生まれ。三歳でアイルランドに移住し、大学卒業まですごした。二〇一五年来日。香川県の小中学校で外国語指導助手として働き、現在みなとみらいにあるアメリカ・カナダ大学連合日本研究センターで高度な日本語運用能力を勉強中。滞日三年余。

島の学校で三年間、語学指導を経験

ロンドンで生まれ、三歳のときにアイルランド西部のゴールウェイに移住して大学を出るまでそこですごしました。大学在学中に、卒業目前の四年生を対象に、いろいろな国での仕事を紹介するフェアがありました。漠然と「どこか外国に行ってみたい」と思いながら見ていて、ＪＥＴ（The Japan Exchange and Teaching Programme）というＰＲが目に留まり、参加してみることにしました。参加者は日本の各地へ語学指導や国際交流のために派遣されます。行き先は北海道から沖縄までさまざまで、参加者はアメリカ人が最も多く、アイルランドからは四〇人が参加しました。初めての日本でした。

二〇一五年七月、指定された香川県高松市で一年間、外国語指導助手として公立の五つの小中学校で働くことになりました。そのうちの一つ、男木島《おぎじま》の学校は小さくて全生徒が七人でした。そこにはフェリーで通いました。指導助手を務めて、はじめは任期どおり一年で戻るつもりでしたが、結局二〇一八年まで三年間続けました。

そのあいだ、夏休みや連休は日本の各地を旅行しました。広島、大阪、東京をはじめ、九州は鹿児島から屋久島まで行き、東北地方では仙台、福島にも出かけました。二〇一八年、帰国する直前には青森のねぶた祭りを見に行ったことがあるのですが、そのきっかけは偶然の不思議な出会いによるものでした。東京にいる友達に会いに行った帰りに、たまたま入ったインド料理店で、日本人の女性に話しかけられました。娘さんと大学のオープンキャンパスに参加するため上京してきたという英語が堪能な人でした。会話の中でその人に、ねぶた祭りに行きたかったけど宿泊施設が取れなかったことを話すと、「うちへどうぞ」と誘ってくれたのです。その女性は青森の三沢基地近くに家がありました。諦めかけていた希望が、帰国寸前にかなったというわけです。

日本語能力テスト三級、次いで二級を取得

人生のモットーは、「Go with the flow」（心配せずに流れに身を任せよう）です。決断ができなくて迷ったときに、周りのアドバイスを受け入れて進んでみたところ、チャンスが舞い込み人生が完全に変

わったという経験があるのです。

二〇一五年、日本に来たばかりの頃、日本語が上手なアメリカ人の友達から「ＧＥＮＫＩ」という本を薦められました。それは外国人向けの日本語学習用の本でした。それを用いて自分で勉強を始め、日本語能力テストの三級を、次いで二級を取得しました。このときも、道が開けたきっかけはその友達からのアドバイスでした。

昨年、香川県からアイルランドに帰国し、日本と関係する仕事を探しましたが見つからなかったので、今年、生まれ故郷のロンドンにある旅行会社に就職しました。社内には世界の主要国を担当するスペシャリストがいて、私は日本のスペシャリストになりました。この会社はイギリスでは珍しく残業が多かったのですが、有給休暇も多く、年一回の三〇日間は日本旅行という特典もありました。その旅行に参加でき、東京、木曽福島、京都、城崎温泉に連れて行ってもらいました。

お客様はほとんどがイギリス人で、希望と目的を聞き、場所を決めます。東京、広島、京都は一般的に人気のあるスポットです。自然を楽しむ人には木曽福島、北海道、九州を薦めています。桜が咲く時季は各地の名所が大人気です。一月の雪や紅葉の秋、温泉旅行だと旅館のことや懐石料理のことなど、お客様にオススメをするうえで日本での体験が役立ちました。

その旅行会社では八か月間働きました。仕事を通してお客様の喜びが直に感じられ、本物のやりがいを実感しました。日本語を使う場面はありませんでしたが、ここで働いたことで、日本をより広く知る機会を得られたのは幸運でした。

大阪で仕事に就くのがいいかもしれない

先の日本語が上手なアメリカ人の友達に薦められ、アメリカ・カナダ大学連合日本研究センターに今年の九月に入学しました。横浜市国際学生会館に住んで、月曜から金曜まで週五日通っています。毎日五時に起床し、ジムで筋トレをしてから七時に帰宅、二時間自習した後、授業を二コマ受けに行きます。宿題もあるので毎日七時間勉強します。卒業する来年の六月までこういう生活が一〇か月間続きます。

私の母国のアイルランドでは、英語とともにアイルランド語が公用語となっています。標識などにアイルランド語が使われていますが、日常会話は英語が一般的です。公立の小中高では母語としてアイルランド語を習わされますが、使う機会がありません。アイルランドでは今から一五〇年前に大飢饉があり、八〇〇万の人口のうち一〇〇万の人が欧米へ流出し、一〇〇万もの人が亡くなったと言われます。今、アイルランド人の子孫はアメリカとカナダに四〇〇〇万人いて、他にも全世界に散らばっています。本国の人口は少ないのに、とくに夏になると、アイルランド人を祖先に持つ多くのアメリカ人が、自分のルーツを知るために訪れます。

将来は旅行に関する仕事や国際交流などに関わる仕事を日本で見つけ、日本にいたいです。西の方が好きなので、大阪を仕事の拠点とするのもいいと思っています。（二〇一九年一〇月、取材）

内戦からの国の復興へ、インフラ整備に尽力したい

アリエ・チョル・ディヴィット・デンさん［南スーダン共和国］

南スーダンの政府機関で道路や橋などのインフラ整備事業に携わる。二〇一五年にJICA（国際協力機構）の技術研修を受けるために初来日。二〇一八年一〇月からインフラストラクチャーマネジメントの修士号の取得のために再来日、横浜国立大学で学ぶ。滞日通算一年余。

きっかけは、母国で日本人と働いたこと

二〇一一年から一四年三月まで、南スーダンでJICAの技術協力と開発支援のもとで日本人といっしょに働きました。二〇一四年春から現在までは、南スーダンの政府機関に所属して、道路や橋などインフラストラクチャー整備事業に携わってきました。

二〇一五年、JICAによる橋や道路の工学技術研修を受けるために二か月間日本に滞在し、二〇一八年一〇月からは、世界銀行の奨学金を受けて横浜国立大学留学生として再来日しています。

現在は横浜国立大学の学生ですが、一〇月からインフラストラクチャーマネジメントとプロジェク

トマネジメントの研修で、月曜から金曜まで横浜市中区新港にあるＪＩＣＡに通って研修を受けています。この研修が一二月まで続くので、勉強やいろいろな場所への訪問、研究発表などをこなす忙しい毎日となっています。

鶴見にある横浜市国際学生会館に住んでいます。妻と四歳と二歳の息子、生まれて三週間の娘の五人家族です。三人目の子は、住まいから近い済生会病院で出産しました。南スーダンでは人の出入りがたえずあって家が賑やかだったのを思い出し、妻は、日本での生活はとても淋しいと言います。

今までに、横浜、東京、新潟、静岡、富山、群馬、広島、呉、北海道小樽、大阪へ研究発表や仕事、旅行のために行きました。どの土地の日本人も穏やかで、好意的で、親切な心を持つ人達だと感じました。大都市とは違って、地方では意外と車が少ない所もありました。大阪では信号が赤でも行ってしまうような、東京とは比べものにならないくらいひどい交通マナーを何度か目にしました。

日本の人と話をすると、ジョークが多く、ユニークなふるまいも見られ、想像していたほど物事に対して厳しくないのだなという印象を持ちました。ニュースで見たと思うのですが、九二歳の男性がひとりで暮らして、妻は施設に入っているという日本人の話を聞いて、孤独な高齢者の生活に驚いています。私の国では考えられません。南スーダンでは、ほとんどの人が結婚します。男性は自分の親の面倒を見ることがあたりまえで、数世代が同居している賑やかな大家族の生活です。お互い助け合って、親戚、近所の人達との濃密なコミュニケーションが絶えずあります。

国旗の赤は内戦で命を落とした人の「血」の色

東アフリカに位置する南スーダンは六か国と国境を接し、約一四〇の多民族が混在している国家です。公用語は英語。他にアラビア語、ディンカ語などがあります。莫大な石油埋蔵量があり、国家の財源にも、争いの種にもなっています。

国旗は六色で構成されています。黒は「民」(黒人)、赤は内戦で命を落とした人々の「血」、緑は「国土」、白は「平和」、水色は「ナイル川」で、その中心部にある黄色の星は「団結」を表しています。二〇年以上続いた第二次南北内戦を経て、二〇一一年七月九日に分離独立を宣言した世界でいちばん若い国です。建国後も政治勢力や民族間の内戦があり、日本の自衛隊が建国の翌年から五年半、国連平和維持活動(PKO)として派遣されました。

南スーダンの東京オリンピック・パラリンピックの陸上選手団(五輪三選手、パラリンピック一選手、コーチ一人)が来日して、事前合宿が始まりました。内戦が続いた影響で練習環境が整わず、JICAの呼び掛けに応えてくれた前橋市がホストタウンになり、市民有志や大手カジュアル衣料品店も協力してくれて、選手村に入るまでの約八か月の練習と滞在を支えてもらいます。[＊]

横浜国立大学大学院で二〇二〇年九月に修士号を取得し、南スーダンに戻ります。政府の技術官僚として、内戦で荒廃した国の復興に向けてインフラ整備の仕事に励みます。(二〇一九年一一月、取材)

[＊]南スーダン選手団の来日と長期滞在、合宿について。

新型コロナウイルス感染拡大に伴う東京大会の一年延期決定を受けて、前橋市民からは二〇二一年七月とされる開幕までの受け入れ継続を求める声が寄せられた。そうした要望を受け、異例の長期滞在が決定し、最終的に南スーダンの陸上代表選手ら五人は一年八か月もの長期に渡って前橋市で合宿することとなった。選手達は午前中を語学学校での勉強に費やし、午後の時間を練習に充てた。彼らの指導は地元の市陸上競技協会の人々が協力して行った。コロナ禍による自粛期間中には練習時間の不足を補うため、利根川の河川敷で走り込みを行うなどした。練習の合間には小中学校での交流会への参加など、地元の人々との交流も積極的に行った。陸上女子二〇〇メートルに出場したモリス・ルシア選手と陸上男子一五〇〇メートルに出場したグエム・アブラハム選手は、ともに予選敗退となったが、グエム・アブラハム選手による三分四〇秒二三というタイムは南スーダンの国内新記録となった。二人とも、前橋の友人達から贈られたミサンガを手首に巻いて走った。大会後、選手達は前橋市と市民、コーチや通訳ボランティアら関係者への感謝を伝え、二〇二一年八月二六日に帰国した。

天皇即位の礼に来日した大統領の通訳を務めました

アンゲロフ・アントニオさん［ブルガリア共和国］

一九九二年生まれ。一七歳で初来日して以降、三度の来日。二〇一九年早稲田大学大学院修士課程修了。日本で俳優、モデル、料理教室の講師、通訳、翻訳などを行っている。二〇一八年一〇月、天皇即位の礼で来日したブルガリア大統領の通訳を務めた。滞日通算六年。

出会いは任天堂のゲームから

僕はひとりっ子で、四、五歳からゲームソフトに興味をもち始め、父に任天堂のほとんどのゲーム機を買ってもらっていました。毎日、友達を呼んで英語版で遊んでいました。サムライや芸者といったキャラクターが登場するゲームがあるのですが、彼らが大事にする義理人情のような日本の文化がユニークであり、新鮮に感じられました。生まれ育った場所とは違うそんな所に行ってみたいと、漠然と思うようになりました。

日本への興味がつのり、日本人がアニメに込めている意味をもっと理解したくなりました。それで中学三年生のとき、自ら日本語に囲まれた環境を作ろうと地元の日本語教室に週二回通い始めました。母はフランス語学校の校長先生で、外国の言葉への興味は母からの影響かもしれません。父は楽観的な考え方をする人で、「挑戦してたとえ失敗しても将来の糧になる」と、いつも僕を後押ししてくれました。やがて好きなゲームを日本語で理解したいという願望はますます強くなり、日本語の難しくて厚い壁に苦労しながらも挫折することはありませんでした。そして来日の機会に恵まれました。

初来日は高校二年のときです。縁あって、航空券のみ自腹で大阪府岸和田市に二週間のホームステイをできるチャンスに恵まれました。わずか二週間でしたが道頓堀、京都、神戸、奈良の大仏を見て回ることができました。奈良公園にいる鹿に焼きそばを取られてしまった、なんて思い出もあります。この二週間で日本文化の奥深さを実感しました。

高校卒業後、文部科学省のテストにブルガリアでただひとり合格でき、二〇一一年四月から一年間、日本に行くことが決まり、大喜びでその日が来るのを待ちました。ところが、直前に東日本大震災が発生してしまいました。文部科学省から「被災者にお金を回さなければならないため、奨学金の予算を組むことが難しくなった」と連絡が入り、その後の三か月間は失望のあまり何も手につかず、ただぼうっとしていました。周りも心配して「チャンスはまた来る」と励ましてくれました。

三度の来日で、両国の友好関係に努めるまでに

しばらく時間を置くうち、「七転び八起き」というではないか、ゲームオーバーなんかじゃない、一九歳の自分にはまだまだチャンスがある。実力があればどんな仕事だってできるさ、と自らを元気づけられるようになりました。地元の大学に進み、英語と日本語の通訳になるためのスキルを身につけようと応用言語学を勉強することにしました。そして二〇歳になったとき、二度目の来日が実現しました。AIESEC（世界の大学生による国際的な非営利組織）の交換留学生で、幼稚園の先生として研修ビザで東京都練馬区に赴任しました。沖縄県宜野湾市での半年間の実習を終えた後、ブルガリアの大学に戻って卒業しました。

その後の二〇一四年、野村証券財団が国際交流を奨励しているのを知り、東京福祉大学教育学部に入学するため、三度目の来日を果たしました。学生は全員介護実習・研究実習があり、老人ホームで車椅子の押し方、配膳、運動、アトラクションを学びました。東京福祉大学を卒業後、早稲田大学大学院に進みました。国際コミュニケーション研究科、通訳セミナーで二年間学び、二〇一九年三月に修了しました。

大学院での研究のかたわら、料理教室の講師や、モデル・俳優業、通訳などの仕事にも挑みました。ブルガリア料理教室やパーティなどを毎月一回開催し、夏に黒海を中心に、ブルガリア出身の力士・琴欧洲のふるさとや温泉をめぐる一週間の観光ツアーを企画しています。二〇一九年の一一月には自ら開講した料理教室の参加者からの提案で、「ブルガリアのごはん」という絵本を農文協出版社から

出しました。そして一二月一七日、初めてひとりでシェフを務め、都内でブルガリア・クリスマスディナーを開催し、満席にすることができました。

これまでに、新体操のブルガリア代表チームや極真空手のブルガリア代表団の通訳を務めてきました。二〇一八年の一〇月には天皇即位の礼のために来日したブルガリア大統領の通訳も務めました。一五歳で日本語の勉強をスタートしたときには、二七歳で大統領の通訳ができるようになるなんて想像もできませんでした。市民が主催するトークサロンで「ブルガリアの文化と言語」を紹介し、参加者の活気ある質疑が印象に残っています。継続的な両国の友好関係を築いていきたいです。

入国管理局や役所は、先進国日本のイメージとはほど遠く手続きが煩雑です。人件費も無駄だと思うし、オンラインにすべきです。

過労死の問題は、日本人のマイナス面です。僕も同じような体験をしました。早稲田大学院を卒業後、ＩＴ企業に就職しましたが、残業の毎日が三か月続きました。このままだと自分が壊れると感じて退職しました。今、ブルガリアの文化を広める活動でとても忙しくしているため、睡眠時間がときには一時間になることもあり大変ですが、多くの人に喜んでいただける仕事は自分も楽しくてやりがいがあります。自分の仕事を続け、夢であるブルガリアの親善大使をめざします。ブルガリアの誇り、琴欧洲のような親善大使になるのが僕の目標です。大好きな日本で、個人としていろいろな仕事を受け入れ、活躍の場を広げて、いつの日か日本に両親を呼びたいです。（二〇一九年一二月、取材）

［おわりに］

数々の思い出に、感謝を込めて

お会いしたどの国の方々からも「日本の文化が好き、技術はすばらしい」という言葉を聞きました。

学んだ後の将来の希望についても伺いました。

日本で働きたい。

国に戻って日本企業で働きたい。

内戦後の母国再建のための基盤整備にとりかからなければ。

日本の課税制度と社会政策の勉強を国で役立てたい。

国の象徴である遺跡の発掘、保存の技術に役立てたい。

学んだ教授法で自国の人に日本語を教え、日本との関係を強くしたい。

日本で金融、商社のマーケティング、コンサルタント部門で働いて、知識だけでなくいろいろなことを学んだ後、母国と日本の懸け橋としてグローバルな会社を経営したい。

日本と母国に関わる貿易の会社を作り社会貢献したい。

日本か母国で、社会の第一線で活躍していきたい。

学んだ知識や技術を母国の職場に戻り役立てたい。

学んだ技術を自国の大学で指導し、国の発展に寄与した後、首相、大統領になることをめざし、民主化に尽力したい。

✤

インタビュー（二〇〇七年二月〜二〇一九年一二月）を実施してから、ずいぶん月日が経っている方々もいらっしゃいます。きっと、多方面で大活躍されていることでしょう。

取材エピソードもあれこれとあります。たとえば……

日本で平和と自由を謳歌しているパレスチナからの留学生に会い、紛争の続く母国の「平和と自由」を切望する言葉に感動しました。

鉄腕アトムを見たのがきっかけで、ウガンダからのJAXA相模原キャンパス総合研究大学院大学への留学生は、はやぶさ2の快挙の歴史的瞬間に居合わせ、さぞ感激したことでしょう。

かつて、インタビューしたカメルーンからの東海大学大学院留学生が、博士号を取得して帰国すると連絡をくださいました。彼より二〇歳も若いけれど、インタビューしたばかりのカメルーンからの横浜国立大学大学院修士課程留学生を、日本で同国人に会うのはお互い嬉しいのではと、私が勝手に考えて、横浜駅で待ち合わせ、東海大相模原キャンパス研究室へ出かけました。カメルーンの院生が四人、日本人の院生が三人で総勢八人と賑やかに談笑。カメルーンの大らかで屈託ない、和気あいあいの国民性に接し、私も一年半振りの再会を楽しみました。

その後、彼との帰り道、横浜までの電車の中で、プライベートなことなどまで話が弾み、誘ってよかったなあと私も嬉しかったです。ただ、車中で、日本人の異常なまでの私たちに向ける好奇な視線を感じました。彼の身体は大きく、真夏だったので顔も身体も真っ黒で目は大きい。隣に座っている日本人の私が楽しそうなのが不思議だったのでしょうか。

インタビューで、アフリカ系、東南アジア系の留学生の何人かが淋しげに話してくれたのは、日本人が外国人に向ける好奇な視線についてでした。その視線を私自身がまともに受けたそのとき、彼らが感じた嫌な思いを身をもって理解できました。

ときには、インタビューを終えると、とても忙しい日常から脱日常の解放感もあってか、国際恋愛や家族や友人などプライベートな話題にまで広がって、時間がかなりオーバーしてしまったこともありました。

日本学科で学んでいるというスロバキアの学生に、インタビューの後、日本の家を見てみたいのではないかと、我が家に誘ったことがあります。ありのままの家中を案内した後、お酒を飲みながら手作りの和食で、終電が心配になるほどまでいっしょに楽しくすごしました。翌日早々に、お礼のメールが届き恐縮しました。

インタビュー記事に掲載するため、顔写真を毎回撮影しました。カメラを向けると「自分の気に入った写真を送るから」と、こだわるリベリア人男性が印象に残っています。彼をインタビューした翌年、「アフリカ初の女性大統領と、女性平和活動家二人のリベリア人がノーベル平和賞を受賞した」という新聞記事が目に飛び込みました。

✤

嬉しい新発見もありました。私の地元横浜市戸塚区にある二件の研修施設が、すばらしい国際貢献をしていました。

一件はアフガニスタンからの研修先です。国の最も重要な食物で、豊穣を願い国旗にも使われているという小麦、その育種研究で通っているのが横浜市立大学の木原生物研究所（一九九五年設立）です。インタビューから数か月後、恒例だという夏のイベント「一日施設公開」に初めて出かけてみました。研究所入口には二〇一〇年の天皇皇后両陛下が訪問された記念碑がありました。会場には小麦育種の展示があり、彼とも再会できました。講演があり、圃場には小麦をはじめいろいろな実験用植物が植えられていて、収穫したてのおいしい種なしスイカを食べました。

もう一件は、ルワンダからの義足作りの研修先で、ルワンダの多くの障害者に自立への道を支援してきた平井義肢製作所です。二〇二〇年暮れに偶然場所を知り、平井社長（九一歳）にお会いできました。二〇〇八年の研修生にインタビューしたことを話すと、二〇〇六年、初めて首都ギガリを訪れ、村々を巡回して相談会を開いて、大勢の人と接したお話を聞かせてくださいました。

失敗もありました。インタビュー当日、目黒にあるトーゴ大使館にいそいそ向かいました。秘書の方の応答で初めて一日早く訪問したことに気づかされ、「明日出直します」とインターフォンで即答したのですが、数分後ご本人が出て、ＯＫの返事を頂戴し、インタビューを無事終了できました。顔写真を撮る段階では、わざわざ民族衣装に着替えてくださり、本当に優しいお心遣いに恐縮するばかりでした。「約束の日時は家を出る直前に再チェックすること」と深く反省しました。

インタビューを始めて間もない頃、待ち合わせした時間がランチタイムでした。会ってハラール食のバングラデシュ男性だと知り、私は初めてレストラン選びからのインタビュー体験をしました。周りの話し声も賑やかで、しかも食事をしながら英語でのインタビューです。辞書を開いたりもできず、インタビューメモを取るので精一杯でした。不安な気持ちのまま帰宅、耳に残ったバングラデシュの「環境問題」について新聞関連記事をあれこれ読んでまとめることができました。これを教訓に、以後は専門分野には深く触れないこと、食べながらのインタビューは極力避けようと、心掛けることにしました。

✤

三時間半もの楽しいインタビューもありました。天皇即位の礼に来日した大統領の通訳を務めたブルガリアの方です。翻訳、俳優、モデル、英語・異文化・料理講師、シェフも務め、本まで出版したマルチ才能の持ち主です。一二月中旬の夜、六時半からのインタビューを希望されました。場所は私の住む戸塚から東海道線で東京へ、乗り換えて中央線に、お茶の水で乗り換えて総武線に、飯田橋で地下鉄大江戸線に乗り換えて牛込柳町駅下車、駅近の小料理屋でした。インタビュー当日も大忙しだったようで、夕食を兼ねた打ち上げ気分の楽しい雰囲気でした。ビールで乾杯の後は、話題が豊富でペンを走らせ通しでした。一〇時をまわりましたが、いろいろと中身の濃いお話が聞けました。真冬の夜風すら心地よく、気分爽快で帰途に着きました。何より語学の壁がまったくありませんでしたから。

また、「事実は小説よりも奇」、忘れられない思い出もできました。イタリア人の横浜国大留学生にインタビューしていたとき、イギリスの留学先から来日したとのこと、なぜイギリスと思い詳しく尋ねてみると、私が短期留学したイーストアングリア大学からだと聞き、「この広い世界に大学もたくさんあるのに、世界は狭いもの」とビックリ。数日後、また会って楽しいひとときをすごしました。

貴重な時間を割いて頂くのですから、インタビュー日程と場所は先方のご都合が最優先です。午前だったり、午後だったり、毎日続く研究や研修で、疲れて宿舎に戻って間もない夜のときもありました。

インタビューでは、日本語を話してくださる方ばかりではありません。英語だけの方とは、ご迷惑をかけながらお互い辞書を見せ合い、書いて確かめ合い、私の拙い英語にも大変親切に対応していただきました。また、頂戴した関連資料も大いに参考になりました。

どなたも、日本での限られた貴重な時間を割いてインタビューを受けてくださいました。大変嬉しいことでした。スケジュールで忙しい人というのは、時間を使うのが上手です。時間は使えば減っていくのに、湧き出てくるかのようにエネルギッシュです。お陰様で、行ったことのない国、初めて聞く国の方々とお会いしてお話することができました。言語、文化、生活習慣などは異なっても、共通点がたくさんあることを知りました。

八〇名の方々と思い出多い、かけがえのないインタビュー時間を共有できたことを、深く感謝しております。私の知らない日本を再発見できたことも、心から深く感謝いたします。みなさまのますますの大活躍を願っております。

神奈川県庁国際課様、JICA様、横浜国立大学様、慶應義塾大学様、あーすぷらざ様、横浜市国際学生会館様、厚木YMCA様、トークサロンの根岸史修様、ワールドサロンの大川富美子様、スリーエーネットワーク様などに深く感謝しております。

✤

インタビューを終えた翌年、私たちは新型コロナウイルスとの戦い、いいえ、ウイルスとの共生という深刻な事態を抱えました。今、世界中の人間社会を苦しめています。本書にご登場くださったみなさまは、今日の事態をどう捉えていらっしゃるのでしょうか。八〇名のみなさまが思い描いておられた自由で平和な、そしてふくよかな多様性を享受できる未来が創れますようにと願うばかりです。

本書の出版に際し、工作舎の田辺澄江さん、山田達士さん、友人の編集者である佐藤徹郎さんにお世話になりました。心から感謝いたします。

二〇二一年一月　吉日

久保田登輝子

［著者プロフィール］

久保田登輝子（くぼた・ときこ）
横浜で生まれ育つ。結婚して母となり子育てに余裕ができた頃、（社）横浜市国際観光協会ホームビジット受け入れ家庭となり、（一九八四年）外国人の来訪を受ける。一九八七年から日本語教師として働き始め、一九九四年には横浜市国際学生会館「日本語チューター」登録。夫と共に交流誌『林遊倶楽部』を編集・発行する（一九九九～二〇二〇年）。

留学生たちの母国とニッポン

発行日——二〇二一年十二月十一日
著者——久保田登輝子
編集——田辺澄江＋山田達士
エディトリアル・デザイン——佐藤ちひろ
印刷・製本——シナノ印刷株式会社
発行者——岡田澄江
発行——工作舎　editorial corporation for human becoming
〒169-0072　東京都新宿区大久保2-4-12　新宿ラムダックスビル12F
phone : 03-5155-8940　fax : 03-5155-8941
URL : www.kousakusha.co.jp
e-mail : saturn@kousakusha.co.jp
ISBN978-4-87502-536-8

にほんのかたちをよむ事典

◆形の文化会＝編
日本文化のさまざまな「かたち」を読んで見て楽しむビジュアル満載の事典。かたちに万感を込め、万象を観る、イメージの国ニッポンの謎を解く。
●A5判上製●532頁●定価 本体3800円＋税

にほんとニッポン

◆松岡正剛
日本人は何もかも見て見ないふりをして、今もなお日本を見捨て日本を見殺しにしつづける……忘れてはいけない日本を一冊に濃縮、高速全日本史！
●四六判●416頁●定価 本体1800円＋税

うたかたの国

◆松岡正剛
物語も日記も、信心も、日本は歌とともにあった。袖振る万葉からJ-POPまで、百人一首から琉歌まで、松岡詩歌論30余冊をリミックス。歌でたどる日本の文化。
●四六判●428頁●定価 本体1800円＋税

美の匠たち

◆佐藤徹郎　梅村晴峰＝序
伊万里・有田焼・博多人形・熊野筆・京鹿の子絞……男性優位の工芸の世界に風穴を開けた女性たち。独自の美を追求する12人の「人と作品」に迫る。カラー多数。
●A5判上製●240頁●定価 本体2800円＋税

熨斗袋

◆川邊りえこ
人間関係を大切にする心を表す熨斗袋。書道家の著者が、筆書きの作法、水引の結びの意味、熨斗袋にまつわる歴史や慣習などを紹介する。ビジュアル多数。
●A5判変型●76頁●定価 本体1800円＋税

しめかざり

◆森 須磨子
宝珠、鶴、俵……しめかざりには多彩な形がある。全国を訪ねた著者が、飾りを外した、わらの造形の美しさを系統立てて紹介。土地の作り手との交流、しめかざりに込められた想いを綴る。
●A5判上製●200頁●定価 本体2500円＋税

好評発売中◉工作舎の本

仏に逢うては仏を殺せ

◆稲葉小太郎
日本の精神文化に多大な影響を及ぼした三大潮流、精神世界・ニューサイエンス・トランスパーソナル心理学。この中心にいた鬼才・吉福伸逸の軌跡をたどる渾身のノンフィクション。
●四六判上製●312頁●定価 本体2200円+税

わたしはイモムシ

◆桃山鈴子
体長わずか数センチのイモムシを虫眼鏡で覗き込むと、そこには小さな天の川のような世界が広がっていた。飼育観察しながら描く、虫愛づる画家の作品68点を収録。
●B5判変型上製●148頁●定価 本体3800円+税

最後に残るのは本

◆工作舎=編
小松和彦、高山宏、池澤夏樹、養老孟司、松浦寿輝……「土星紀」に収録した総勢67名の書物エッセイが一冊に。タイトルは多田智満子のエッセイより。祖父江慎と米澤編集長の対談収録。
●四六判変型上製●244頁●定価 本体2500円+税

地球を駆ける

◆笹川陽平
WHOハンセン病制圧大使として2001年から2020年までの20年間に約70カ国を訪問した、笹川陽平氏の精力的な活動の回顧録。各国での活動の様子を収めたカラー写真多数収録。
●A5判上製●936頁●定価 本体2800円+税

異界への旅

◆ヨアン・ペテル・クリアーノ　桂芳樹=訳
宗教学の泰斗が、古今東西の神話や伝承、宗教説話から蒐集した脱魂や昇天、臨死体験、シャーマニズムにまつわる多彩なエピソードの検証を通して「この世の外」の世界に迫る。
●四六判上製●364頁●定価 本体3800円+税

私たちのワンダフルライフ

◆有村 章+有村勝子
神経ペプチド研究でシャリー博士のノーベル賞受賞に貢献し、日米の文化交流に尽力した科学者・有村章と妻・勝子。異国の地での研究生活の中、たえず互いを支えあった夫婦の物語。
●四六判上製●352頁●定価 本体2400円+税